简单投资 快乐理财书系之一

涨价等于涨停

左剑明 著

文匯出版社

图书在版编目（CIP）数据

涨价等于涨停 / 左剑明著. —上海：文汇出版社，2015.6

（简单投资快乐理财书系）

ISBN 978-7-5496-1472-1

Ⅰ.①涨… Ⅱ.①左… Ⅲ.①股票投资 – 基本知识 Ⅳ.① F830.91

中国版本图书馆 CIP 数据核字（2015）第 089578 号

涨价等于涨停

简单投资　快乐理财书系之一

作　　者 / 左剑明
责任编辑 / 乐渭琦
特约编辑 / 沈以澄
装帧设计 / 陈益平

出 版 人 / 桂国强

出版发行 / 文汇出版社
　　　　　 上海市威海路755号
　　　　　（邮政编码200041）
经　　销 / 全国新华书店
照　　排 / 上海歆乐文化传播有限公司
印刷装订 / 上海丽佳制版印刷有限公司
版　　次 / 2015年6月第1版
印　　次 / 2015年6月第1次印刷
开　　本 / 890 × 1240　1/32
字　　数 / 150千
印　　张 / 7

书　　号 / ISBN 978 - 7-5496-1472-1
定　　价 / 38.00元

前　言

作为一个在资本市场上活跃了10多年的投资顾问,笔者的经验虽然谈不上非常丰富,但也通过多年的工作积累,形成了自己一套投资风格。当然囿于工作范围,笔者平时更多的是将自己的思路和风格,传授给营业部的客户,让他们在资本市场上学以致用,并取得不错的效果,受到了众多客户好评,但是客户群体毕竟属于小众,笔者长期以来一直有一个想法,就是把自己的一些选股思路和方法,跟更多投资者做一个分享,现在终于有了这个机会。

2014年底,小左接到乐老师约稿电话,希望能出版一本关于股市选股策略的书籍带给读者。接到这个消息,我既兴奋又担忧,兴奋的是自己多年梦想终于有了实现机会,想想就抑制不住内心的激动,但是激动过后,小左更多的还是担忧,因为目前市场上关于股市书籍实在太多,而且大同小异,真的到提笔写作的时候,还不知道该从何入手;既想规避现有同质化书籍以突出自己特点,又想与时俱进选择一些案例,让投资者真正有所收获。

美好梦想到了要实现的时候,你才会发现眼前的现实是很残酷的。说起选股思路,不用小左多说,稍微资深一点的股民都能说出个大概框架,比如从大的方向来说,不外乎是从技术面和基本面两个角度去选择,两者缺一不可;其中基本面选股、技术分析选股,这两大方法的结合是大家再熟悉不过的,但是变化无常的市场,往往让投资者在运用的时候很迷茫,手足无措。

刚刚过去的2014年,以券商为龙头的蓝筹股吹来了股市新风,股民们甚至调侃这股风可以把"猪"都吹上天,但就是在这么好的市场机会面前,还是有大批投资者没有赚到钱,不少人甚至满仓踏空。笔者在此并不想当事后诸葛亮,只想说的是,股市瞬息万变,机会面前既需要经验,也需要胆识和好的方法,这样才能实现稳定收益。

因此在小左的这本书中,只想通过案例来介绍一种很微观、实用的方法。本书重点要介绍的方法,是以上市公司的产品涨价为出发点,进而带动业绩出现良好预期。为什么要选择产品有涨价预期的上市公司呢?因为产品涨价的背后,往往是业绩提升。我们就以身边房价为例,从2000年以来,我国房价就开始出现缓步上涨走势,并且一直持续了10多年。在这十年间,房地产企业龙头万科A的股价走势,始终与房价保持了几乎同步趋势。因此,笔者认为当你不知道如何选股时候,你可以先研究基本面,找到那些有涨价预期的产品所属公司,一旦产品涨价,公司业绩将大概率受益并利好股价。

本书中,笔者精心挑选了12家公司案例,4家代表过去式,8家代表将来式,这其中包括首创股份、梅花生物、壹桥海参、天通股份、胜利股份和奥克股份等,这些公司虽然所处的行业各不相同,但是他们都有一个共同的特点,那就是股价曾经受益产品提价而出现上涨,或者股价现在和未来会受益产品提价所带来的利好影响。

这些公司所在的行业当中,有的是提供公共事业类品种的,比如首创股份和胜利股份,它们一直都有很强的提价预期,价格定期会有一定程度上浮;也有一些是提供刚需型产品的公司,比如生产味精的公司梅花生物,它已经率先在2015年1月份提价,其股价也在提价后几天出现大涨;还有提供准垄断型产品的公司,比如东阿阿胶,其产品市场占有率大约在80%,公司对产品价格拥有相当大的话语权,因此它的价格变化也受人为影响较大。

笔者研究的这几家公司,他们产品涨价预期都应该比较强,因此笔者判断未来一年以内,他们的股价处于上涨趋势当中是大概率的事情。因此把这些标的作为特殊案例交读者分享,也是小左的一点心意。

其实,市场机会每时每刻都存在,关键在于你怎么去选择和把握。如果投资者能够甄选一些旗下产品有强烈提价预期的公司,相信其收益水平应该不亚于2014年股市涨幅。与其在风来的时候不知所措,不如提前选择一些业绩确定性较强的企业提前埋伏,这样不管未来市场的风来不来,你总能获得属于自己的那部分收益。

本书前四章节,主要是回顾了过去几年资本市场上,受到产品涨价影响而成就的几支大牛股:比如东阿阿胶受驴皮价格上涨影响,公司股价从2008年到2011年间上涨了5倍。

前面4家公司过去的股价走势也说明,只要公司的产品有一定竞争力,一旦提价公司的股价上涨就是早晚事情。本书后面八个章节主要是选择了8家产品存在涨价预期的公司,比如受益于天然气提价预期的胜利股份和受益自来水提价预期的首创股份等。这本书出版的时候,正是基于前面4家企业产品涨价,带动股价上涨的逻辑,笔者认为后面8家公司的股价也会受益产品提价,出现大涨。

本书写作时间是在2014年12月至2015年2月,出版时间预计在2015年5月份。从写作到出版的几个月时间,这8支个股的走势,正好可以验证笔者选股逻辑,等读者朋友拿到这本书的时候,可以先对号入座看一下书中用到的案例,这几个月的走势是否验证了笔者的选股逻辑。

在此书编写的过程中,得到了我的几位小伙伴的大力支持,可谓是一个好汉两个帮,有了他们的帮助,小左才能更好完成这部书的写作,将其呈现在了大家面前。

由于笔者水平有限,在本书写作中难免会有瑕疵,望各位读者给予指正。

目 录

上一轮牛市涨价先锋解析

东阿阿胶 / 3

上海家化 / 19

万科 / 35

山东黄金 / 52

下一轮牛市涨价先锋预判

海参跌价　为何壹桥海参净利增长 40% / 71

天然气提价促动胜利股份迎发展良机 / 90

首创股份受益产品调价　利润增长可期 / 107

光伏复苏带动辅料厂商　奥克股份业绩大涨可期 / 125

梅花生物先兼并后提价　吃准行业机会 / 142

稀土——宁波韵升推股权激励方案　利好公司持续发展 / 160

T3 航站楼 + 二跑道：深圳机场被压抑需求大释放 / 178

天通股份"搭界"蓝宝石屏释放巨量产能让人浮想 / 192

上一轮牛市涨价先锋解析

·东阿阿胶·

新闻源头

东阿阿胶正成为下一个"茅台"。据了解,近日原来每斤售价875元的铁盒装阿胶提价至每斤1098元,半斤装的阿胶由原来的445元提价至550元。阿胶原粉方面,盒装120g及240g的,分别提价至275元、550元。对此,市民直呼"补不起",三年涨幅竟然超过150%!"唉,后悔死了,上个月没买,这个月要多付两三百块钱呢。"在南京新街口一家药店里,市民沈女士告诉记者,她每年入冬都有做固元膏的习惯。上个月,她本打算去药店买做固元膏主要原材料——阿胶,结果一打岔就给忘记了;这两天再去药店一看,同样的东西,价格猛涨了25%。"这价格涨得跟坐火箭一样。"沈女士回忆说,2010年东

涨价等于涨停

阿阿胶400元出头一斤,2011年接近600元／斤,2012年涨到了735元／斤,今年价格直接破千元。

据了解,此次是东阿阿胶近六年来的第12次涨价(包括复方阿胶浆)。随着售价上调25%,价格已从2010年的400多元每斤,直接涨破千元大关,三年内涨幅超过150%,铁盒装价格更是达到了1098元／盒。沈女士无奈地表示,今年固元膏平均每副膏方都超过1000元,权衡之下,她只得减少分量缩短疗程。

小左解读

现代社会,产品丰富并且购买渠道多元,所以,消费者在掏口袋时,往往就会用比价来决定是否购买。在这点上,东阿阿胶就充分利用自身优势,通过涨价预留出大量利润空间,从而可以分配给渠道和广告宣传,在终端上实现寡头拦截;而且,公司还不用担心销量,因为有些保健品已经渲染成部分人群的必需品,以此通过涨价就能轻松获取丰厚收益。

全面解析

一、引进营销高手,解决瓶颈问题

笔者经过交易软件查询后不难发现,从2008年开始东阿阿胶股价一路上涨,到2010年已经实现股价上涨600%。值得一提的是,东阿阿胶从2008年开始陆续引进了三位大腕级

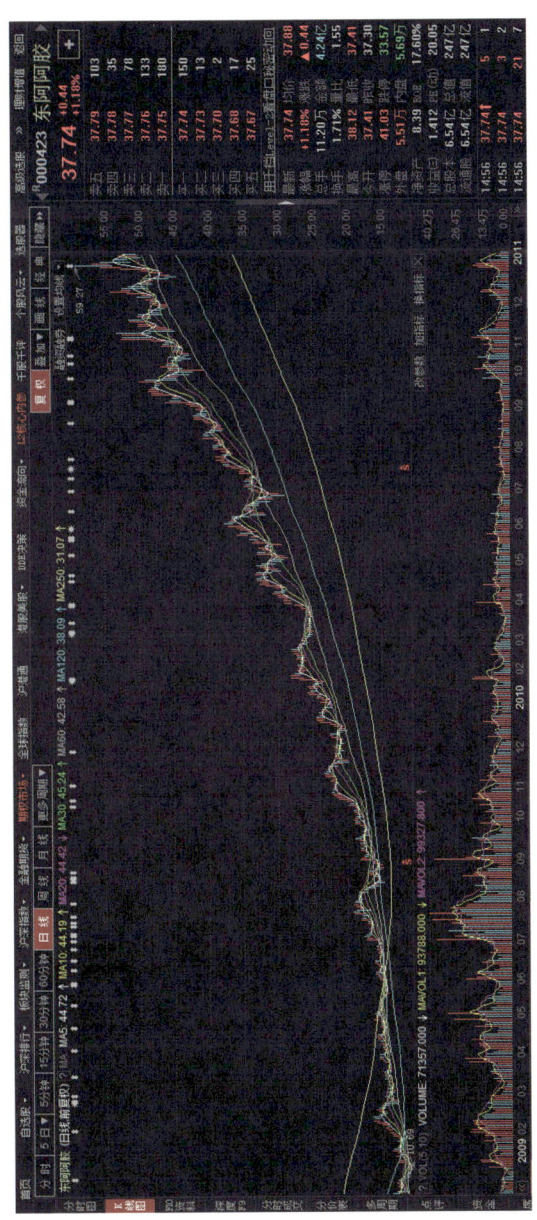

营销高手,很好地解决了营销瓶颈问题。其实,东阿阿胶长期以来面临着两大瓶颈困扰:一是部分市场终端零售和渠道未能严格执行指导价;二是驴皮资源紧张导致供给不足。

1. 东阿阿胶引进三位营销高手解决瓶颈问题

东阿阿胶作为一家老国企,制约其市场定价水平难以参比云南白药的原因,是其部分市场价格不到位、终端销售拉动不足这两大问题。该公司主导产品零售价一直不能达到发改委规定价格,出厂价、渠道价和终端价不能保持健康状态,从而阻碍了公司"提价、价值回归"战略持续执行,不能保证其商业合作伙伴正常利润空间,以至于不可避免地挫伤了其推广销售阿胶系列产品积极性;同时公司终端拉动销售力度不够,存在销售人员为完成任务,采用费用补贴经销商低价冲货行为,而且公司对此处罚力度偏低,导致部分流通环节存货超量和窜货。

公司为了解决瓶颈问题,痛下决心从外部引进三位营销高手:1.营销副总程继忠先生,其成功的"控制营销"理念,保证了生产企业、销售商和终端互利多赢,深获合作商信任,曾使老东家葵花药业和步长集团获得高速增长;2.引进医院市场总监孙峰,阿胶系列产品在医院市场零售价率先到位,渠道存货达到20天走货量的理想水平;3.引进保健食品总监白宁,白宁先生曾任亚泰集团保健品和青岛一家保健食品公司销售总监,对商超保健品运作十分熟悉,其2009年建立"样本商超"盈利模式,提高单店单产和人均单产销售额。

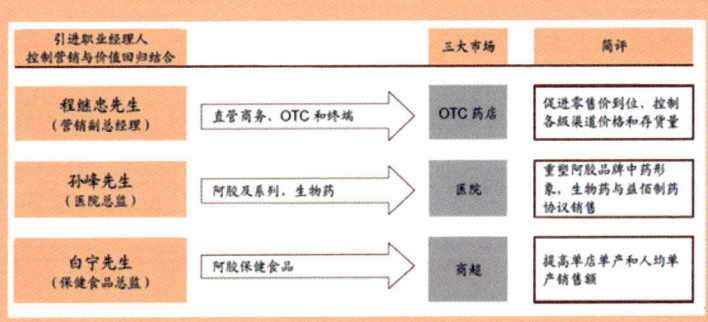

2. 驴皮需求：存量逐年下降，探索养驴盈利模式

（1）掌控上游资源，内外兼修

为打破上游驴皮资源限制，公司在战略上采取主动出击的方式，一方面自2003年开始，在国内大力筹建养驴基地和优良驴种繁殖基地；另一方面加大从国外市场进口力度。公司先后在新疆、甘肃、云南、辽宁、山东、山西、河南等地建设驴皮基地13个，并计划在"十二五"期间增加建设至20个，约占市场80%以上份额。在国际市场，他们也取得5个国家驴皮的进口资质，即埃及、秘鲁、俄罗斯、巴基斯坦、澳大利亚，当年公司还与埃塞俄比亚和博茨瓦纳洽谈进口事宜，欲成为国内唯一具有进口驴皮资质的企业。公司针对上游驴皮采购有三种渠道：市场收购、自建基地采购和进口。在当年，东阿阿胶号称掌控国内驴皮80%市场份额，这其中自建基地采购是提高毛驴自给度的关键步骤；同时，公司大力打造上游乌头驴养殖产业，也为日后高端品牌"九朝贡胶"保证了原料供给。

(2)四位一体的养驴模式

由于毛驴不吃饲料,这给规范化养殖带来困难,只能采取农户散养、公司回收的方式。东阿阿胶采取政府推动、市场拉动、四位一体的养驴模式,即政府＋基地＋合作社＋养殖户。基地是指东阿阿胶在当地先成立公司,提供对驴育种、培训、收购到屠宰加工服务。2006年,公司成立了山东天龙驴产业研究院,专门研究驴的育种繁育技术。合作社是股份制形式,一般由当地政府和集团按6∶4共同出资完成,政府出资通过当地畜牧局和农业局来操作。合作社把所有养殖户变成社员,并组成一个庞大养殖网络平台,为其传递扶持政策,提供养驴补贴、免费的驴幼种和配种技术。这种平台是对养殖户的一种松散管理,既有利于公司实施GMP管理、保证驴皮质量,又能充分利用养殖户闲暇时间,不将其限制于单纯的养驴上,从而调动了养殖户积极性。

(3)探索养驴的盈利模式

公司成立天龙驴产业研究院,重点研究驴肉的研发和营销,发展驴肉深加工业。而大股东华润集团旗下的五丰行在食品,尤其是高端肉类加工、营销、渠道方面有天然优势。驴肉营养丰富,素有"天上龙肉、地上驴肉"之说,东阿阿胶有进军高端食品的潜力。

相关数据显示,驴皮收购价格逐年上涨,而国内驴存栏量逐年下降。公司每年约使用60万张驴皮。2008年阿胶块市场需求3000~3500吨,到2010年增至5000吨。

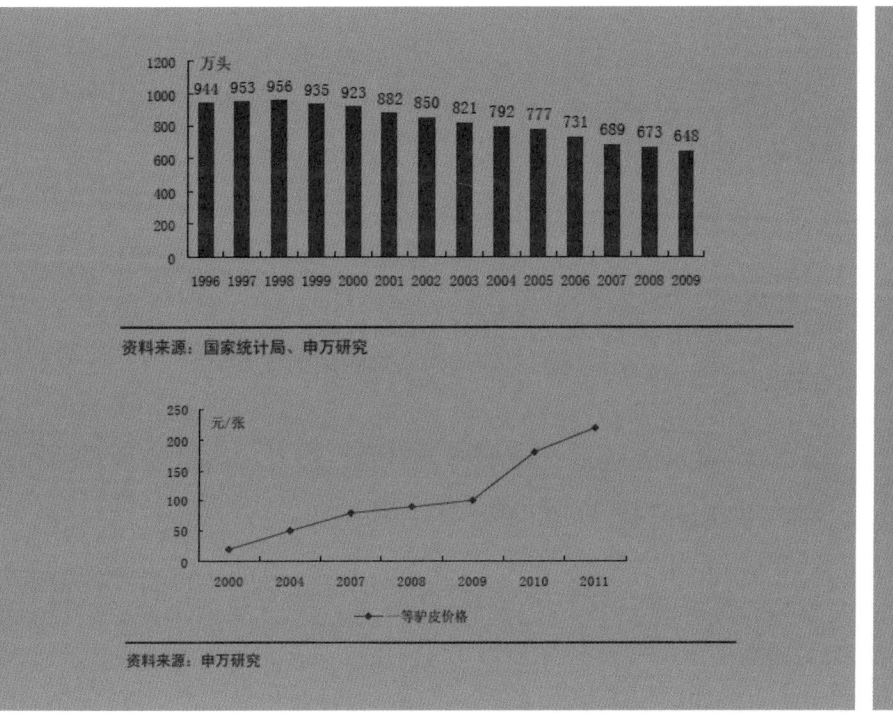

资料来源：国家统计局、申万研究

资料来源：申万研究

二、实行控制营销和价值回归战略

通过三年多的文化营销，东阿阿胶实现了价值回归，而价值回归的最终目的就是为了价格回归。自 2006 年以来，阿胶价格经历了 168 元、243 元、395 元和 403 元四次提价。由于消费者对阿胶价值认知加深，涨价不仅没有影响销量，反而实现了每年销售额 30% 以上的提升。

尽管文化营销实现了阿胶价值回归，但是，如果缺乏有效的市场经营理念和企业组织结构支持，将无法建立产品市场拉动力。为此,东阿阿胶重新梳理了营销体系,将市场经营理念从渠道推动转向终端拉动,从关注渠道销售转向经营终端销售,实现"由销到营"的根本改变。

渠道决定有无,终端决定多少。以往,东阿阿胶非常重视经销商网络的构建和掌控,把主要精力和资源放到经销商和分销商那里。然后渠道的推动力来源于终端产品市场拉动力,如果终端产品销售不出去,渠道推动力便荡然无存。

1. 提供增值服务

2008年下半年,公司营销转型加快,施行以终端定渠道,以客户提供并经核实的网络明细表为发货和考核依据。在货物流向、政策信息上,实行公司与客户直接对话,引导经销商、分销商做终端销售;人、财、物围绕终端配置,充实终端人员、压缩管理人员,以"两优于、一维护、两到位"维护开发终端(产品陈列优于竞品,POP展示效果优于竞品,铁手腕维护价格,市场策略终端到位,产品卖点推介到位)。

此前,由于东阿阿胶新产品缺乏、老产品利润低,对终端而言,没有任何利益驱动,难以形成终端对产品的拉动力。

为此,公司订立"聚焦阿胶主业,做大品类,以阿胶为主进行功效开发和产品开发,不同功效的阿胶和其他药材配合"的新产品开发策略,陆续开发出阿胶元浆、阿胶水晶枣、阿胶原粉和桃花姬等定位清晰的新产品,配合终端经营策略。

基于"由销转营"经营理念转变,以往业务人员仅仅负责向渠道压货、回款,现在要全面经营终端,工作量大大提升。为此,东阿阿胶除了扩大营销队伍,开始陆续将相关权限下放到区域市场,增加区域经理权限和区域市场灵活性,并且重点打造区域经济实体,重点考核三大指标:终端销售指标达成率、利润指标贡献率和员工收入增长率。

在此基础上设立"四大天条"管理:即在外兼职、贪污费用、流向造假和私自招聘营销人员。这"四大天条"粘上死、碰上亡。以往公司要求业务员怎么做,凡是不出现在怎么做"名单"里的事务,必须要上报再做决断。推行新的管理政策后,除了不能做的,其余都可以做,这不就是当今流行的负面清单原型吗?

最终,公司建立了"市场是双脚,制度是鞋,是鞋适用脚,不是脚适应鞋"的授权理念,管战略不管战术,管品行原则不管细枝末节。由于充分授权,东阿阿胶充分调动了销售人员积极性,提高了办事处作战能力和灵活应对市场能力,拉动了客户需求。

2. 营销如何控制?

中国医药流通渠道长期处于一种极其混乱的状态,具体而言,有"大、散、乱、差"几个特点。"大",即中国医药流通企业业达到一万多家,恶性竞争成为常态。"散",即医药流通企业分布面广,一方土地,一方诸侯,没有形成能够覆盖全国市场医药零售渠道。"乱",即医药流通价格、货流及物流都处于一种混乱状态。"差",即医药流通企业经营质量差,品牌医药企业产品处于被动销售状态;相反,不知名品牌药品由于有着高毛利,反而成为终端零售主推产品,形成劣币驱逐良币现象。对于品牌企业而言,当自己不能控制市场秩序和价格的时候,

涨价等于涨停

将反过来被市场所控制。

东阿阿胶一直采用三级分销模式,即批发商－分销商－零售商。

虽然理论上这个批发链条只有三层,但由于从批发商到分销商的分销层次并不清楚,实际分销链条远比预想的要长得多。零售商也分为三种主要类型:药店、商超百货和医院。从销售情况来看,药店是主要零售商类型。公司非常注意掌控批发商这一环节,全国一共发展了140多个批发商。

从2001年起,由于市场激烈竞争和业绩增长的压力,公司开始尝试终端促销,但不久,发现这样操作非常盲目,因为不清楚零售商们是从哪些分销商手里拿货,分销商又是以什么价格、从什么渠道拿货的。另外,层次不清的批发网络,也造成销售区域间的互相串货和渠道价格混乱。之前公司产品价格和销售政策是由总部统一制定,全国实行统一价格和政策。1997年公司成立各地办事处,经销差价部分返回到各地办事处,其中75%为市场费用。然而有些办事处由于销售指标压力,将应该用于市场的费用,转为销售折扣给予经销商,这又进一步导致市场价格混乱。每个零售店进价都不太一致,突然涨价降价情况频现,公司每年对产品价格的上下调整,使整个渠道的利润空间变动很大,分销商利润受到挤压。

为此,2009年公司在进行文化营销的同时,力推控制营销通过对整个渠道链条掌控,维护好价差体系和销售区域,保证渠道秩序的稳定。东阿阿胶重点采取了定价、定量、定向、禁销终端管理四项举措。

定价是指产品在实行全国统一定价的基础上,对经销商和分销商各个分销层级也实行统一定价,充分考虑各个市场层级的商业利益。定价是控制营销的基础,通过市场督导和各办事处业务员严格执行出货价格和出货单来执行。通过统一定价实现了各级分销商利益,在保证渠道推动的同时,实现终端拉动。

公司通过对过去一年销售和市场情况的分析,以及未来一年市场判断,制定年预算生产计划,对经销商和分销商实行定量订购。由于产品销量容易受各种不确定因素的影响(如淡旺季等)东阿阿胶确立了20%～30%浮动库存,来确保各级经销商在畅销的时候能够获得产品,还和经销商签订协议确定安全库存,安全库存不高于半个月的周转量需要。

对于定量,东阿阿胶通过公司计划拟定、各个季度的分解、办事处市场掌控和经销商协议四个方面确保定量落到实处。对于控制营销而言,定量是关键,终端不断货,就不允许发货。

定向是指精选符合控制营销要求的各级渠道商。经销商和分销商及终端都要和公司签订协议,分销商向指定的经销商要货,经销商向指定的分销商供货,对于终端则指向特定分销商要货,严格控制产品流向。

同时,东阿阿胶将分销商未能覆盖的终端称为备案客户。这些备案客户不和公司签协议,而是向指定的分销商提货。定向方面实行渐进过程,终端从先向两家分销商提货,逐渐过渡到向一家提货。经过初步调整,公司定向能够控制到70%左右。通过精选,砍掉了大量不符合要求的经销商和分销商,从而在全国形成109家经销商、1300家分销商和38000家销售终端的市场格局。

以往东阿阿胶统计销量的时候,只计算某个地区批发商的销量,如上海地区批发商的销量,但实际上海批发商的货物很有可能会层层转批给镇江地区的经销商并,而不只在上海地区销售。因此,报上来的片区销售数据是扭曲的,与真正的需求情况脱节。这样,以往的广告投放和促销活动,就好比在一张错误的地图上打仗,火力配置全然错误。

公司高管曾经这样坦言:"我们以前总是估计自己市场覆盖率约有70%,但实际上,覆盖率可能只有30%左右。现在拿到真实销售数据以后,正在把全国3000多个县及县级以上城市分为三类。销售额10万以下的是空白区域,10~30万的是弱势区域,30万以上的是强势区域,这样才能有的放矢地针对空白和弱势区域投放广告。"另外还规定,分销商只能从某个批发商那里拿货,减少了窜货现象。

控制营销之根本在于控制。管理本身就是控制,不能控制市场就将被市场所控制。对此,公司严格控制终端,一旦发生不符合"定价、定量、定向"等情况,就将其列入禁销黑名单,不予供货。实施控制营销后,公司采取"经销商做减法,分销商做加法"的原则。在全面考核经销商信用、对公司产品的重视度和价格执行情况后,经销商数量大幅下降;同时将原来每三个月一次订货,改为每个月一次,大大减少了经销商囤货,并且组建了专门价格维护小组,对那些不能执行公司产品统一价格的经销商，将取消其资格。

经过这一系列调整后，东阿阿胶对渠道的掌控能力大大加强，提价后并没有出现以前窜货和存货现象。2009年，东阿阿胶实现终端销售增长5个亿。实施控制营销后，公司顺势施行预付款制度，终端销售取代回款成为考核指标。

在此基础上，公司通过拓宽品类、经营终端，强化产品的市场拉动力，最终力推控制营销，强化对市场秩序和价格的控制力，为东阿阿胶未来"由药到补"的战略转型铺平道路。

阿胶行业中，公司因"一水两宝三千年"最为稀缺。有专家曾从全国不同地域选来14种水样研究证实，东阿地下水富含矿物质比重为1.0038，水质非常适合熬制驴皮胶，帮助杂质分离和药效发散。水成为一个垄断资源。两宝即工艺和配方，东阿阿胶因此被誉为"药中茅台"。三千年，即为三千年的历史，其文化底蕴极其丰厚。正是基于地理、秘方和历史文化的优势，公司具有成为"上品"的基础。虽然被誉为"药中茅台"，但却与茅台酒价格相差甚远。1980年茅台酒8元/斤，阿胶7.6元/斤；2009年，茅台一斤装就突破了1000元，而阿胶自2006年连续涨价12次，到2012年1月，其零售价也才1049元/斤。这为公司提出"价值回归"策略的另一重要依据。

总体来说，"控制营销"是一翼。程继忠先生将各级渠道价格、存货和终端销量增长控制在生产企业手中，坚决保证遵守协议销售商利润空间，对违反协议则坚决取缔，从而有效突破当年的销售瓶颈。"价值回归"是另一翼。品牌滋补保健品阿胶具备价值不断提升空间，从而有序推动与商业合作伙伴

涨价等于涨停

实现共赢。两者完美结合，更好地推动阿胶系列产品进入"提价、销量增长"良性循环。

人参、鹿茸和阿胶被人并列为滋补三宝。公司提升阿胶价格，促进其价值回归到与人参和鹿茸高端滋补保健食品相当的水平，这是东阿阿胶 2006 年以来就确立的产品战略，公司每年持续对阿胶产品提价。可现代人对阿胶认识却是单一而模糊的：阿胶就是女人补血中药。阿胶"滋补国宝"地位因此被埋没在历史烟尘之中。在驴皮价格上涨推动上，阿胶块价格每年都在上涨。06~08 年分别提价 24%、40% 和 18%，2008 年阿胶单产品实现税后销售额 5.5 亿元。2009 年阿胶块两次提价 21%，2010 年阿胶产品提价 52%。对此，秦玉峰提出文化布局战略：要重塑阿胶"上品圣药"历史地位，恢复人们对"滋补国宝"全面认识——这就是东阿阿胶"价值回归工程"。

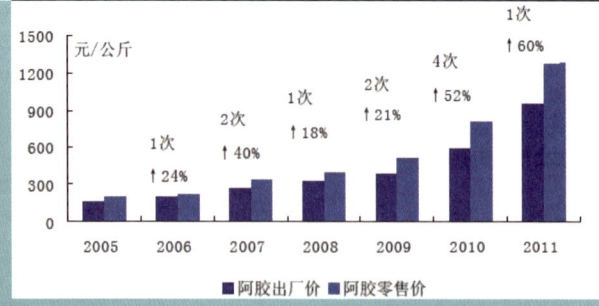

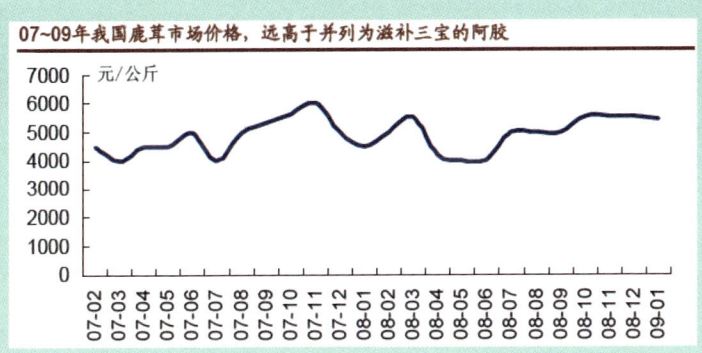

三、与多家医院形成战略联盟

在新医改背景下,复方阿胶浆被纳入国家基本药物目录,城乡医院市场销售增长。公司通过普及教育,增加覆盖基层服用人群,逐步建设基层和社区市场。截止2011年12月,复方阿胶浆覆盖进入31个省2010版地方医保目录,以及国家及省级医保目录、新农合目录、10省1市基本药物目录、全军医疗合理用药目录等四大目录,并在北京医保目录中,由限中重度贫血调整为适贫血进入甲类药品目录,成为医疗机构100%报销产品。

公司还与全国103家中医院达成战略合作协议,由公司出资为每家医院培养5至10名膏方开具制备医生,同时公司承诺为这些医院优先供应阿胶、鹿角胶、龟甲胶、黄明胶、海龙胶等胶剂产品。

涨价等于涨停

综上所述,笔者认为涨价是公司理顺产业链的核心武器,也是解决公司当时困局的唯一法宝。当然,涨价是需要理由的,否则消费者不会为此买单。所以,在一批国内知名营销高手策划下,文化牌就成为了涨价的合理外衣。

德邦基金-小左1号
国内最优秀的新三板基金

·上海家化·

新闻源头

2008年6月12日,时尚中草药个人护理品牌——佰草集受LVMH集团下全球第一大高档化妆品零售商丝芙兰(Sephora)盛邀,清雅亮相于丝芙兰巴黎总部主办的春夏季媒体见面日。这是佰草集焕美世界第一站,也让中国中医的美容之道第一次成为世界时尚的美丽新宠。

佰草集在时尚之都巴黎首次亮相,掀起了记者会上一股中国时尚风潮,成为全场夺目亮点。到场的近200名资深美容编辑以及当地时尚人士,纷纷在佰草集展台前驻足观摩与试用,包括《ELLE》《FIGARO》《VOGUE》等国际顶级时尚媒体更对佰草集自然平衡的品牌理念和清新淡雅的产品形象赞赏有加，一致表示将殷切关注和期待佰草集在法国的全面上市。而热爱中国文化的 Sephora 欧洲总裁在亲临现场后，也充分表达了他对这个来自中国中草药个人护理品牌的肯定以及对合作前景的美好希冀。

佰草集源自中国的美丽使者，将轻盈的中医美容理念与浓厚中国文化圆融一体，作为第一个走出国门的中国时尚个人护理品牌，佰草集将于今秋在法国全面上市，届时将与国际顶级护肤品品牌比肩同行，令全世界爱美女性一起分享来自中国自然、平衡的根源之美，相信将会掀起一股全新中草药护肤新风尚！

小左解读

中国化妆品哪家强？佰草集和美加净是什么关系？最终佰草集的成功推出，为何激发了上海家化股价连年大涨？在这一系列问题背后，逻辑就一个，通过打造一个高端品牌，从而顺利实现产品涨价目标。

全面解析

曾经骄傲的跨国公司扬言要收购上海家化，如今则凭借六神、佰草集、美加净、可采等多个知名品牌站稳脚跟，因为这里有葛文耀坐镇。早在 1985 年，刚到上海家化任厂长的葛老，就在当时计划经济条件下，极富前瞻性地意识到，国家不可能对所有企业一直大包大揽下去,企业这条船早晚都会驶出计划经济"避风港"。因此,在他领导下,上海家化从八十年代中期就开始以市场为中心来展开所有经营活动,在全国同行中第一个建立覆盖各省市销售网络,到 1990 年上海家化固定资产、销售额和利税都位居全国化妆品行业之首,效益也名列全国 500 家大企业前 300 名,各类产品市场占有率达到了 16%,其中"露美"和"美加净"等系列产品还形成了良好品牌效应。

从接手家化开始,葛文耀便无时无刻不感受着各方外资"虎视眈眈",家化的成长经历,也是一场本土品牌与外资品牌斗智斗勇"性命攸关"战争。

一、公司背景

从 1898 年清末香港广生行成立至今(上海家化公司前身是香港广生行),上海家化公司已经走过了百年之路,是中国最早的民族化妆品企业。改革开放为上海家化焕发了生机,注入了活力,跨入了快速发展的历史轨道,上海家化坚持面向市场,调整产业结构,逐步形成具有"中国概念"品牌特色和产品系列,并在激烈竞争的日化行业树立了自己领先地位。

二、品牌战略

作为中国最早的民族化妆品企业之一,面对从制造业到时尚产业的转型升级,整个过程中所遇到的挑战可想而知,老葛清楚地认识到,要想与跨国公司开展竞争,必须在整个研发、设计、精密制造、终端零售等环节上打造全产业链竞争力。并确立了转型过程中三步走战略:第一步,在中国日化市场某些品类上占领一席之地;第二步,在中国市场占据更大份额,并逐步将品牌推向海外市场;第三步,在全球市场上取得一席之地。

三、多层次品牌定位确保稳定增长

目前,上海家化共有5个化妆品品牌:美加净、清妃、佰草集、高夫及珂珂,每个品牌都有其特定细分市场和目标人群。实施多品牌战略,使企业得以优化整合内部资源,同时满足多层次消费群体的不同需要,市场覆盖率始终处于国内同业领先水平,续写着中国民族化妆品行业领头羊和开拓者的荣耀!同时,根据不同产品采取差异化营销手段,其中,部分化妆品品牌的营销费用可以达到销售额50%以上。对于跨国品牌来说,上海家化品牌差异化具有难以复制性,因为它是"中国概念"的差异化。

在与国际巨头竞争的中国化妆品市场上,公司采取差异化品牌经营战略,创造了"六神"、"美加净"、"高夫"等诸多中国著名品牌,在众多细分市场上建立了领导地位。

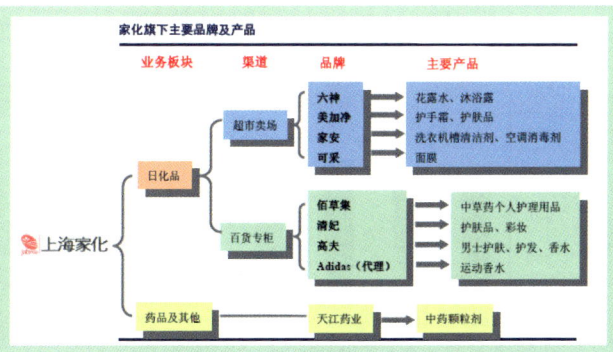

涨价等于涨停

六神：造就市场神话

"六神"系列包括沐浴露、花露水、香皂等低端日化产品，主要在国内各大型超市等渠道进行销售，成功进入全国330余个大小城市的六万余家店铺。

从分产品来看，"六神"花露水市占有率在2007年超过60%，而且在与第二大品牌"隆力奇"的竞争中，大获全胜，占领了对手不少份额。而沐浴露在与宝洁的"激爽"面对面竞争中的胜出，打破了"外资不败"神话。但受困于资金和政策限制，其沐浴露还是交出头把交椅，以8~9%的市场份额位居"玉兰油"、"力士"之后。

鉴于"六神"系列产品处于日化行业低端地位，公司通过建立品牌伞，推出新型高端产品，以达到变相涨价目的。如"六神"传统花露水售价为7元/195ml，但"六神"走珠清凉露售价为10元/9ml。此举使得六神系列产品结构得到提升，并逐步合理，在2007年"六神"产品系列整体增长9%的情况下，毛利率稳步提高，结构较高端的分产品花露水及沐浴露皆增长26%，而低端的香皂等产品增长仅为4~8%不等。

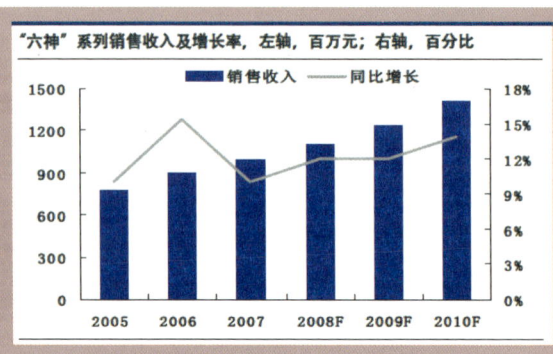

在公司众多品牌中,这只现金牛起着中流砥柱的作用。2005~07年,六神销售收入保持15%的复合增长率,2008上半年销售收入达到7亿,在化妆品业务中所占比例达到62%,同比增长14%。

笔者认为,六神品牌的成功取决于对市场深入分析基础上,差异化竞争战略,突出品牌季节属性,充分挖掘夏季市场潜力。

(1)品类延伸促进销售收入增长。

系列产品抓住了国内消费者对中草药信赖和青睐心理,成功开发出源自中国经典药方的"六神原液",其主要成分为牛黄、麝香和珍珠粉等,具有清热解毒、消肿止痛功效,并在此基础上围绕着"夏季"和"中草药"两个鲜明特色属性,不断进行产品线延伸。

公司于1990年推出了以"祛痱止痒、提神醒脑"为主要功效的花露水。多年来六神花露水一直稳居国内市场占有率第一的位置,目前国内市场份额在60%以上,是排名第二位品牌的六倍之多。在花露水市场独占鳌头后,六神品牌一直在寻求突破,沐浴露是早期进行产品线延伸的品类之一,公司于1996年推出了具有"清凉、清爽"感觉的沐浴露。目前沐浴露依然保持了夏季销售第一、全年销售前四位置,国内行业市场占有率在8%左右。此后,又不断延伸到香皂和粉类上。2008年起,六神尝试从品类发展和人群发展两个方面,着力培养新的增长点。冰露花语系列是专为年轻消费群体而设计,作为品牌年轻化的一个切入口,将成为六神系列新的增长点。

涨价等于涨停

（2）开发新产品提价，毛利率呈上升趋势。

公司通过深入研发推广新产品，间接提高了销售价格，不仅顶住了酒精等原材料成本上升的压力，而且使近年来毛利率呈现上升趋势。以六神花露水为例，公司开发了新型喷雾驱蚊花露水，售价约比普通瓶装花露水高30%，不仅使用方便，而且由于形式新颖深得年轻一族喜爱，销售情况非常好，2008年上半年喷雾花露水销售收入同比增长50%，喷雾已占到六神花露水销售额的10%，六神品牌产品综合毛利率已达到45%。

（3）销售渠道再次拓展。

除了品牌定位和产品研发外，渠道建设也非常重要。六神系列作为公司大流通产品，主要走的是大卖场、超市渠道，通过家化下属子公司和经销商来进行销售，子公司和经销商销售比例约为4∶6。2004年后，公司改变了原来固守大城市的销售策略，转向二三线城市和广大农村市场，建立全国性销售网络，由2005年2.8万个，上升至2007年底5万个，代理商比例也由原来的23%提升至60%。此外，公司还专门为城镇和农村市场量身定制产品品类，以大篷车模式"下乡"，为解决农民赶集难问题，实现送货上门，直接将货车开到村口方便村民购买。

（4）邀请明星代言，投放央视广告。

配合销售渠道，由大城市为重点转向中小城市和农村市场，公司广告投放也由原来上海等大城市转向央视和省级卫视等具有全国影响力的媒体，2006年开始启用两代影视明星：斯琴高娃和李冰冰的"老少配"作为形象代言人，既有家的温馨,也准确地传达了时尚信号。此番广告效应,为六神撬开了农村市场"大门",那些对城市消费者已经十分熟知的六神传统产品,对于广大农村消费者来讲有些还是新产品。

农村消费者的主要信息渠道就是电视,六神广告无疑叫醒了这一块"沉睡的市场"。2007年六神进一步加大广告投放力度,总投放额达到1亿元。

美加净:复兴回归之路

回归发展的成功之路,或许是公司品牌管理战略成功的一个浓缩,美加净曾经是中国化妆品第一品牌,有良好的品牌知名度和顾客忠诚度。由于在合资后没有得到很好发展,甚至还一度被打入"冷宫"进入雪藏状态。如今,正在执行品牌复兴计划,通过代理商将产品往乡镇及中小城市推广,在营销手段上采取电视广告和促销活动相结合的方式。2008年上半年实现销售收入3900万元同比增长20%,护手霜连续多年保持市场第一地位,所以该品牌在冬季销售情况较好。

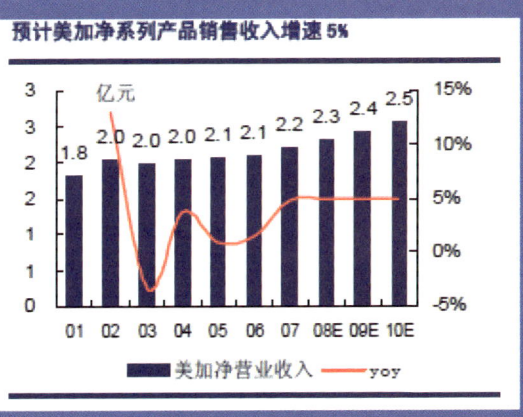

（3）高夫：高品质优雅男性护肤品

上海家化在上世纪90年代中期便推出"高夫"系列产品，但是由于男用护肤护理理念在当时不被接受，因此被封藏数年。2004年，基于男用护肤护理市场逐步建立，公司将前度周郎——"高夫"重新推向市场，并聘请梁朝伟为形象代言人。

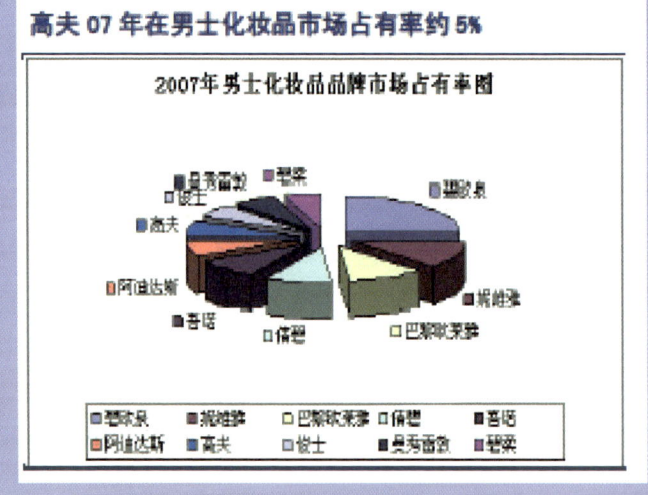

四、公司品牌梯队错落有致

坐拥品牌大家族，涵盖了从高端到低端一系列产品线，六神、美加净、佰草集是公司日化产品的主要收入和利润来源，2007年公司化妆品业务营业收入中，六神和佰草集分别占55%和11%，化妆品利润中六神和佰草集分别占48%和18%。

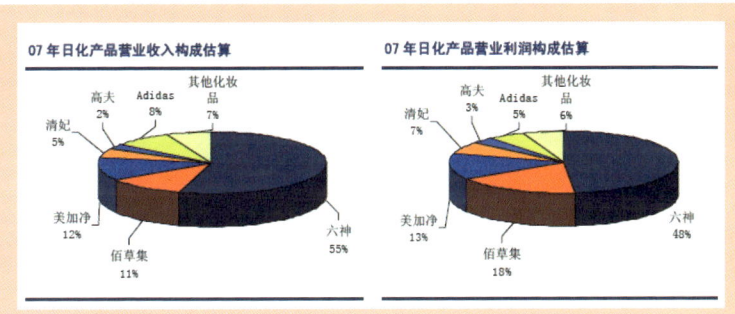

笔者以公司产品按波士顿矩阵分类,销售增长率 20% 和市场份额 5% 为两轴,划分旗下各个品牌的定位:

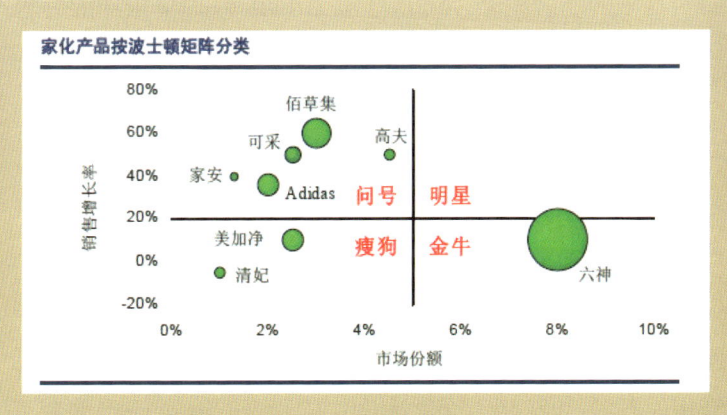

从波士顿矩阵看,当年公司品牌梯队错落有致,长期发展兼具稳定性和成长性。从产品生命周期看,六神处于成熟期,佰草集处于成长期,增速高于行业平均水平。

五、佰草集以"中草药"概念演绎高成长故事

在"佰草集"这个品牌上,寄托着家化一个"高端"梦想。但市场的激烈竞争,尤其是跨国日化巨头进入,让公司充分意识到要想在高端市场寻求突破,只有增强企业整体竞争力才是必由之路。从1995年开始,在对产品定位、开发和营销做了一个长达3年的可行性研究之后,家化最终确立了以国际知名品牌BodyShop的"草本精华路线"为参照,以中草药个人护理用品为切入点的高端战略。旗下品牌"六神",在中草药研发上已有五六年经验。"如何让新品牌走中医药路线,家化有一定先天优势"。在产品功能上的差异化诉求,是佰草集最为基础的品牌策略,从1998年上市至今,佰草集功能诉求经历了一个渐进过程。

2008年,佰草集品牌成为中国首个走出国门的化妆品品牌。最终,佰草集在时尚之都巴黎销售让家化人很意外。2008年9月,佰草集正式入驻巴黎香榭丽舍大街以及30家丝芙兰法国专卖店,在一年时间内,在丝芙兰香街店内87个护肤品牌约2000多个单品中,佰草集营业额高居销售排行榜前十位,其中主打明星产品"清肌养颜太极泥"更是排名单品销售前五名。佰草集用实力及对中国元素的精辟把握,改变了中国创造品牌难觅踪影的困局。

探究佰草集的成功,笔者认为与该品牌的营销策略密切相关:

1. 建立"会员制"数据库营销,目标客户群指向中高收入白领女性

在目标客户群中得到的高度认同,是佰草集品牌战略最为重要的动力。为了更好地传播品牌,而不仅仅是销售产品,公司选择了通过"会员制"实施精准化数据库营销。佰草集深刻的中国文化底蕴和传统中医药理论背景,对文化程度较高、崇尚"天然、健康"女性消费者有很强吸引力。第三方针对消费者进行分析时发现,大部分女性消费者都是从跨国公司高档品牌转过来的,这批高端消费者忠诚度很高,她们的影响力和说服力非常强,会直接带动周围人群消费。短短几年时间会员数就已经突破30万,核心会员超过10万,在全部销售中有45%以上份额来自会员消费。抓住细分市场目标客户群,形成重复购买,提高单笔购买金额,是佰草集建立初期的发展模式。随着品牌进入成长期,公司通过拓展目标消费群外延来提高品牌认知度。

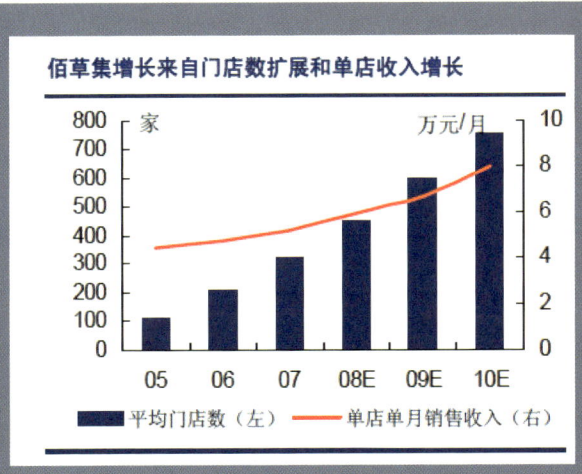

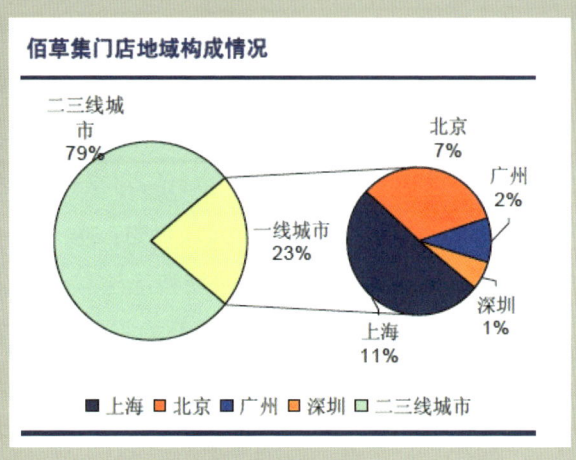

2. 加盟、自营方式扩张销售网点

佰草集充分吸取了清妃的经验教训,采用连锁专卖店分销渠道,在品牌建立之初避开了与国际强势品牌的直接竞争。截至2008年9月,佰草集已经在全国各大、中城市建立了450多家专卖店,其中接近70%为加盟店,30%为自营店。公司在铺设渠道时利用有限营销资源,对一线城市采用自营店为主方式,而二三线城市则开出50%的优惠扣率鼓励加盟商铺店,从而门店扩张迅速。

另一方面,佰草集通过不断开发新产品提高单店收入内生性增长,新系列产品销售收入占总收入50%以上。新七白系列、逆时恒美系列和清肌养颜太极泥都在市场上引起了很强反响。太极泥08年一季度推出即完成800万元零售额,甚至出现产品脱销。08上半年单店月零售额由07年的8万元上升至11万元(加盟店与自营店的平均数),推进佰草集在当年上半年就实现77%的高增长。

3. 规模效应使营销费用率呈现下降趋势

佰草集系列虽然毛利率超过70%,但"会员制"的特殊营销方式,需要通过"小众"媒介、直邮、座谈会、PARTY等精确营销活动,来提升品牌知名度和美誉度。因此在发展初期,由于销售收入较少,而销售费用和管理费用相对固定,使其费用率高达70%。随着销售收入不断增长,在2004年品牌跨过盈亏平衡点,2005年就成长为公司重要盈利增长点,至此佰草集进入良性循环,在2008上半年佰草集销售费用率降至40%。

4. "专卖店+专柜+SPA"三位一体营销沟通网络

佰草集在营销网络建设上也寻求差异化发展,建立"专卖店+专柜+SPA"三位一体化营销网络。专卖店环境特别优雅,让顾客从视觉、听觉、嗅觉、触觉、味觉上获得全面体验。SPA也为会员提供更为立体的交流平台,加强了会员与公司联系,建立起完善的客户关系管理,使得品牌在知名度和客户情感认知方面,获得了相当成效。

综上所述,佰草集的增长来自三方面:一是新产品开发促进内生性增长;二是门店扩张加快外延式增长;三是有效客户沟通和营销管理提高同店销售收入。

六、公司转型升级

从生产商向服务商的转型,但是在前期遇到了一些问题,主要是人员培训、服务规范方面,另外店铺租金固定成本也较高,以每家店每月租金15元/m^2、500m^2面积计算,一个月租

涨价等于涨停

金需花销15-20万,早前SPA业务收入低于预期,基本处于盈亏平衡。

从自主培育到品牌收购的转型,收购四川可采是家化新确立的涉足时尚产业重要战略之一,通过对品牌附加值高、市场成长迅速的品类配置资源,在细分领域创建中国本土领导品牌,有助于提升家化与跨国公司进行正面竞争实力。而且更重要的是,收购可采是上市七年后第一次并购行动,将增加家化收购和整合外部企业的经验和能力。

从本土品牌到国际化的转型,佰草集凭借"中国概念"赢得了世界化妆品巨头的青睐。2004年,丝芙兰这家全球最大奢侈品品牌营销集团LVMH,旗下专营高档化妆品零售公司与家化合资成立高档化妆品销售公司,并将其纳入全球网络销售。08年9月起,佰草集产品进入丝芙兰在巴黎香榭丽舍大街的旗舰店,继而将入驻法国丝芙兰220多家门店,通过丝芙兰的网络,佰草集已经迈出品牌国际化的第一步。佰草集登陆欧洲市场,将有利于品牌价值的提升及公司在国内谈判地位的提高。

打造全新品牌"双妹",佰草集是家化在高端品牌上的成功尝试,其市场售价已接近和超过部分国际化妆品品牌。公司在09年推出比佰草集更为高端的全新品牌"双妹"(双妹是公司于1915年获得巴拿马金奖的品牌),主攻彩妆市场,以进一步占领国内高端化妆品领域。

综上所述,一直活在低端市场,那将面临竞争无数,不仅仅当下"泪流满面",未来更是"操心操肺"。当然,放手一搏打造全新高端品牌,这一方面需要巨额资金投入,另一方面需要强势领导人自身的远大抱负。从这点上说,笔者挺佩服葛老。

卡联科技
Cardunion Technology Co.,Ltd.

证券代码： 430130
证券简称： 卡联科技

　　北京卡联科技股份有限公司成立于2006年，注册资本3338.6951万元，是高新技术企业及中关村国家核心区示范企业和瞪羚企业；卡联科技总部位于北京，旗下拥有5家全资子公司、12家分支机构及办事处，员工总数300余人。2011年11月11日完成股改，2012年7月新三板挂牌，企业代码：430130。

　　卡联科技通过成功的营销方式及优质的服务，目前业务已经覆盖全国各省份热点城市，公司将社区服务的触角延伸到全国各地重点是农村及三四线城市，实现全国市场的快速发展。

　　2015年，卡联科技坚持以社区服务运营平台为发展方向，继续坚持B2B2C的商业模式，继续坚持以发展及服务小微商户的基础上重点发展移动电子商务应用。大力加强云运营平台开发，大数据利用，提升运营服务的现代化手段，加强和上游渠道的强强联合，以开放、共赢的原则加大与传统商业模式的结合，从而达到居民的便利生活，享受快捷的服务，使商户、服务（产品）提供商互惠互利，获得更多的市场和收益。同时，以智慧社区服务为中心，大力推广社区金融服务、社区智慧健康服务和社区智慧农业服务，结合现在国内外市场发展的大趋势，加大自身建设力度，以便获得更大的发展前景。

地址： 北京市海淀区中关村东路18号财智国际大厦A座3层　　电话：010-60606001　　传真：010-60606001-8002　　网址：www.kaliankeji.c

· 万科 ·

新闻源头

据《深圳商报》报道,对比2006年人均GDP水平,香港人均GDP为38127美元,而深圳人均GDP只有8619美元,仅为香港的22.6%。换而言之,忽略不计因常住人口与暂住人口造成深圳人均GDP统计误差,仅有香港人均GDP20%的深圳人,却承受了香港近50%的高房价。

根据有关资料,把香港房价折合成平方米来算,最便宜大概每平米1万5左右,不过这些都是地处元朗、紧邻深圳的低价房;一般来说,普通香港市民住的是每平米2万到3万的小户型,大多是50—80平方米,100平方米的房子可谓豪宅。像奥海城、太古城这样的房子,每平米5万单价并非一般香港人

涨价等于涨停

负担得起；半山豪宅与山顶别墅，前者大概每平米10万以上，后者每平米单价则高于20万元。

两年间深港房价"亲密接触"，鉴于同城化与珠三角一体化大城市战略，自2003年就有业内人士预言，深圳房价将在10年内涨至香港的50%左右，但事实是仅仅从2005年到2007年两年多时间，这一"目标"就宣告实现。

小左解读

当房价不断飙升的时候，不管是地价贵，还是人工、建材等客观涨价因素，起码有一条是可以肯定的，那就是销售量一定会起来。因为房子建造是有周期的，特别是大众一窝蜂地进入时，往往就容易出现商家们坐地起价现象，进而加剧了房价上涨斜率。而股价，就会在这样强烈预期刺激下，变得轻轻地、轻轻地，不断飞向蓝天。

全面解析

房价上涨，股价也随之起舞。万科A股价从2007年开始飞奔，其背后主要原因跟土地价格上涨以及居民需求等因素息息相关，笔者将房价上涨归类为以下几个方面进行剖析。

一、土地价格上涨

1. 土地资源稀缺性

中国现有城市建成面积约3.84万平方公里，仅占国土总

·万科·

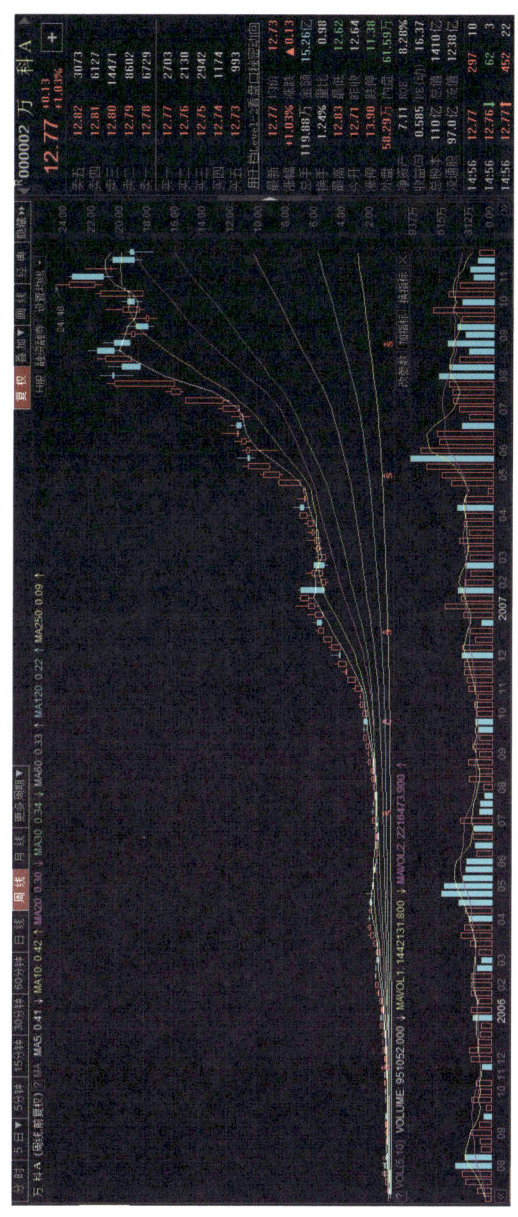

涨价等于涨停

面积0.4%,而农村宅基地的面积约16.8万平方公里,占国土总面积1.75%。如果拿出1%国土面积来建设城市,则至少可以解决14亿人居住问题,这说明,实际上咱们中国不缺少土地。

但中国却又面临着土地制度约束性条件,那就是无法让农村土地,特别是宅基地产生集中效应,无法让农民的宅基地变成进城资本。尤其是对粮食安全的顾虑,管理层不得不出台严守18亿亩红线政策。于是乎,土地在生态保护、基础设施建设、工业生产与城市发展多项选择中,成为了资源极度稀缺物资。

土地是不可再生资源,但土地的用途则具有多样性。目前国土可耕种面积约占国土面积的17%,但实际农田只剩下18亿亩多一点,其中约13~15亿亩用于粮食生产,其余则用于经济作物。但从土地利用情况看,变成只剩18亿亩耕地原因与建设用地增减直接关系并不大,而最大量的则是退耕还林生态保护。

	建设占用	灾毁耕地	生态退耕	农业结构调整
1998年	30.9%	28.0%	28.9%	12.3%
1999年	24.4%	16.0%	46.9%	12.7%
2000年	10.4%	3.9%	48.7%	36.9%
2001年	18.3%	3.4%	66.1%	12.1%
2002年	9.7%	2.8%	70.3%	17.2%
2003年	8.0%	1.7%	77.7%	12.6%
2004年	12.7%	5.5%	64.0%	17.9%
2005年	23.3%	9.0%	65.6%	2.1%
2006年	28.7%	6.2%	58.2%	6.9%

此外，全国建设用地中又有基础设施用地、工业项目用地、交通水利用地、旅游用地、军事用地和城市建设用地等多项。城市建设用地中又有商业、办公和住宅用地之分。住宅用地中还要分保障性住房用地和商品房用地等多类。结果最终全部建设用地中房地产用地只剩了4.5%，而商品住宅用地就更少得惊人。

土地供给总量对房地产市场有着两方面影响：一方面是影响房地产供给总量；另一方面是影响生产和预期。由于房地产开发周期原因，要在1~2年内才能显现出来，但对投资和消费的影响却在当期。由于土地供给量与房地产增量有着密切关系，土地是基础，它们之间的关系由容积率来计算。当容积率不变时，土地供给量与房地产增量呈线性正相关关系，容积率越大，单位面积土地上的建筑容量，即建筑面积就越大。

2. 土地价格成倍疯狂上涨

土地价格上涨是最直接原因。房价上涨根源在于"面粉"供应趋紧，而土地财政则是加剧了价格上涨步伐，在现有规则底下，地方政府是最大受益者，通过卖地可以获得巨额利益，客观上刺激投资冲动。就算是在严厉调控笼罩背景下的2010年，国内主要城市房价依然能"不跌反涨"，主要原因之一是地价仍然在攀升，各地频频出现的新"地王"就是最好佐证。此外，由于存量房地产高价格，使当期取得土地价格通过竞价方式快速上涨，并延续高房价－高地价－更高房价的循环链条。

二、购置土地成本逐年上涨

2000年开发商购置土地单位成本434元/平方米，到

2012年上涨至3129元/平方米,涨幅6.21倍,年均涨幅17.9%,比住宅均价年均涨幅(2000年1948元,2012年5429元,年均涨幅8.9%)高9个百分点。按容积率2.5计算,2000年土地成本占房价8.9%,到2012年上升到23.1%。而同期,像北京、上海、广州、深圳、杭州5个重点城市房价涨幅分别为2.46、2.94、2.06、2.43和3.57倍,更是高于全国平均涨幅。

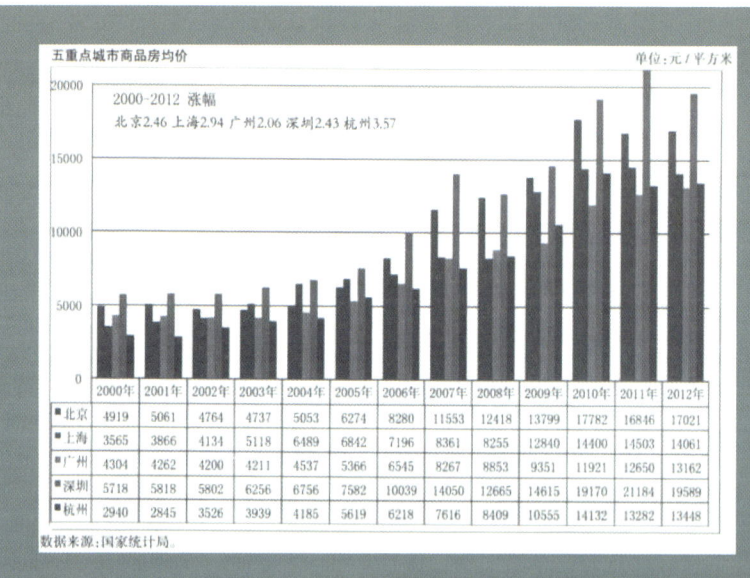

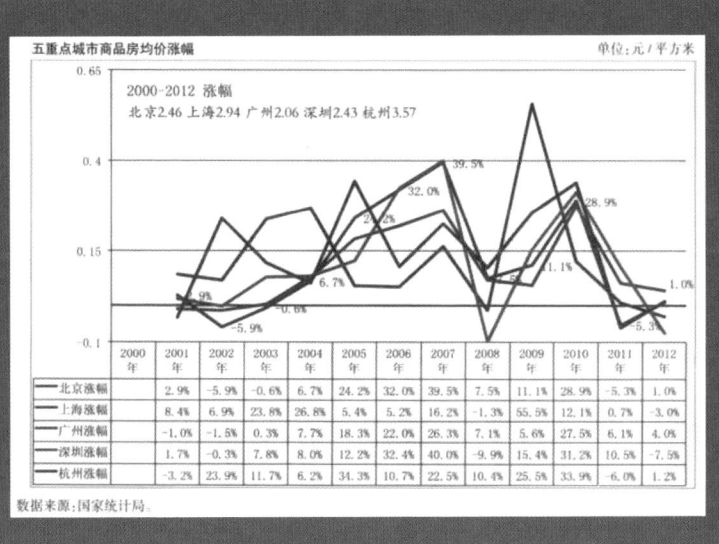

中国土地价格增长经历了几个时期。2007年土地总价首次出现大幅上涨,土地出让总价款自2006年增长三成,创下历史性的7676亿元以后,2007年再度大幅增长。据国土资源部财务司提供的数据显示,2007年1~11月底,全国土地出让总价款为9130亿元,同比增长58.9%。

2007年全国土地市场一个引人注意的现象是"地王"不断涌现。当年1月,上海豫园商城房地产发展有限公司以总价35.02亿元、楼板价3290元/平方米拿下武汉市武昌区中北路147号的武重地块,成为武汉新"地王"。2月,世茂房地产以8.16亿元摘得杭州市下沙钱塘江地块,这是杭州自开始有土地挂牌交易以来,所出让建筑面积最大的项目。该地块占地面积逾28万平方米,总规划建筑面积约72万平方米。5

涨价等于涨停

月,南京圣和科技以 3.85 亿元的总价、28865 元/平方米的楼板价拿下南京市汉府街地块。虽然总价不高,但其楼板价却是当时全国最高价。7 月,香港嘉华集团下属公司以 10.9 亿元竞得广州市珠江新城一地块,该价格比 2 亿多起拍价高出近 5 倍,并以 11912 元/平方米的楼板价成为广州"地王"新贵。

可以预想的是,伴随着新"地王"接连出现,高地价成本必然推动商品房价继续上行。从 2007 年下半年开始,房价开始疯长,从全国 70 个城市房屋售价涨幅看,1 月同比涨 5.6%,2 月同比涨 5.3%,3 月同比涨 5.9%,4 月同比涨 5.4%,5 月同比涨 6.4%,6 月同比涨 7.1%,7 月同比涨 7.5%,8 月同比涨 8.2%,9 月同比涨 8.9%,10 月同比涨 9.5%,11 月同比涨 10.5%。尤其从 2007 年下半年的涨幅看,房价处于加速上扬态势,个别城市早已突破 1 倍涨幅,进入疯狂状态。

2007年1-11月新建商品住房销售价格涨幅前三											
	1月	2月	3月	4月	5月	6月	7月	8月	9月	10月	11月
1	深圳 10.2%	深圳 9.90%	北海 13.7%	北海 23.6%	北海 15.1%	北海 18.6%	北海 18.6%	北海 18.2%	乌鲁木齐 21.2%	宁波 19.1%	乌鲁木齐 21.1%
2	北京 9.90%	北京 9.70%	深圳 10.7%	深圳 11.3%	深圳 12.3%	深圳 13.9%	深圳 16.1%	深圳 17.6%	北海 19.4%	乌鲁木齐 18.5%	宁波 18.8%
3	福州 8.90%	广州 9.60%	长沙 10.1%	北京 10.7%	温州 10.9%	南京 11.3%	南宁 12.0%	乌鲁木齐 15.5%	深圳 16.5%	北京 17.8%	北海 18.3%
(以上数据为新建商品住房销售价格涨幅)											

2007 年万科销售实现快速增长,作为龙头地产商,当仁不让地获取巨额收益,并在当年多次出现"日光盘"现象。日光盘是对房地产开发商当日房源开盘,当日即售罄的形象化描

述。在当时楼市风光的岁月里,日光盘、海鲜价和天价地王是深圳楼市的关键词。

也就在这一年,万科共销售住宅4.8万套位居世界首位,跻身全球最大住宅企业行列。全年公司实现销售面积613.7万平方米,销售金额523.6亿元,同比分别增长90.1%和146.6%;实现结算面积393.7万平方米,结算收入351.8亿元,同比分别增长35.9%和99.1%。截至2007年底,公司尚有290.9万平方米已销售资源未竣工结算,合同金额总计238.1亿元。

3. 土地政策保障性用地加大供应

年初,国土资源部就正式印发了《2007年国土资源工作要点》,指出在当年国家将继续严格落实土地管理和耕地保护责任制、严格实行问责制等。加强遥感监测和动态巡查,及时掌握重点地区和重点城市土地违法情况,将违法行为发现率、制止率列为重要考核指标。

当年两会上,奠定了住房保障成为楼市关键词的主基调。8月,《国务院关于解决城市低收入家庭住房困难的若干意见》即24号文颁布,被称为"中国住房体制第三次变革",房改十年回归保障。此外,在北京两个1000万工程、配建令、经济适用房家庭收入标准调整、廉租房再度动工等等,所有消息无不使得2007成为名副其实的住房保障年。12月,国土资源部、财政部、中国人民银行联合颁布《土地储备管理办法》,进一步加强及完善了土地管理,这对于加大打击开发商囤地行为,有了更强大的法律支撑,可以进一步释放闲置土地,增加商品房供应。

4. 房屋供应量减少促进房价上涨

近几年房屋供应量的相对减少,也是促使房价上涨的一个因素。从总量上看,房子供应量在增加,但是比不上市场需求量的脚步。比如北京就很有代表性,2006年房子成交面积2288万平方米,比2005年仅仅增长了3.2%,远远不能与销售额和销售均价的两位数增长同日而语。

前几年,土地出让的减少和银行给房地产行业贷款资金的减少,是导致房屋供应量下降的两大因素。如北京2004年公开出让土地是546万平方米,是当年销售面积的五分之一;2005年公开出让土地433万平方米,也是当年销售面积的五分之一;2006年公开出让土地面积是824万平方米,是当年销售面积的36%。以上数字都是建筑面积,是可比的,并且这些出让土地大部分在三环之外。另外,市场上房屋的供应量,是由土地供应和资金供应两者共同作用形成。

这几年,不断地增加二手房在流通环节的税收(现在二手房交易的税收已经高达成交额的10%),也进一步导致了二手房供应量减少,房屋空置率增加。

5. 开发商大举圈地

2007年,土地、上市和融资成为了房地产业最热门词汇。为购土地,房地产上市公司纷纷大举融资,为融资上市房企疯狂圈地。有关方面数据显示,当年中国上市房地产企业一年内融资高达2486亿元,其中融资力度最大前十位上市公司一年来共融资1454.39亿元,占所有上市房企融资额60%左右。

在10亿平方米土地储备中,储备最大的前十位上市房企共有2.7亿平方米,占据所有房地产企业土地储备的近三分之一。

房企融资举措大多与拿地有关。以万科、保利、金地、北辰、首创等为代表的大型房地产上市公司,开始在全国范围内大规模购地。由于融资渠道畅通成本低,上市公司屡屡在地块竞争中取胜,鲜有非上市企业在土地竞拍中战胜上市公司的例子。地块价格之高超出了很多人预期,而且还多次出现楼面地价达到,甚至超过周边商品房价的现象,一时间,各地"地王"纪录不断刷新,"新一轮圈地运动"愈演愈烈地进行扩张。

综上所述,土地的供给直接影响着住房供给,从而间接影响着房屋价格。

三、居民改善型住房需求增多

(1)中国人口数量与结构决定着住房高增长需求。

中国人口数量增长,让我们不得不进行大规模住房生产,改革前三十年,并未合理解决人口增长与居住问题。1978年城市人均居住面积仅为3.6平方米,低于建国初期4.7平方米水平。虽然改革开放三十年中有了长足发展,特别是市场化之后,每年开复工总量都在扩大,但仍无法满足日益增长的现实需求。

改革开放以来,我国住宅建设每年以20%的速度发展,城乡人均住房面积均比以前提高两倍以上。从1980年至2000年,城镇新建住宅57亿平方米,农村新建住宅146亿平方米,分别为改革开放前所建住宅总量的9.6倍和2.18倍。据测算,随着中国居民生活水平不断提高,住房消费将成为拉动经济增长的一支重要力量。我国仍将处于大规模住宅开发建设时期，预计将新增住房面积55至60亿平方米，人均面积也从20平米增至35平米。

中国的人口结构决定着家庭的分裂速度。家庭人口平均数已从1990年3.96人/户下降到了2008年2.96人/户，并还在不断下降中。正是因为70年代之后高生育率决定了80~90后家庭分裂速度在不断加快，这种加速会延续大约至少十年。而城市家庭新增户数，从2000年约700多万户，上升到2008年约1100多万户。现实情况却是，每年市场化竣工住房大约只有500多万套，仅能满足不到一半的新增家庭需求。如果不能加大投资与供给，供不应求现象短期内就无法缓解，政策调控可以平衡一时，但不等于满足释放了需求，最终反而让镇压中的需求膨胀，严重的话会冲击市场稳定性。

这十多年来，由于住房分配货币化推动、城镇化进程加速、政府一系列配套措施出台，加上大规模城市改造和居民拆迁，以及80后结婚高潮来临，社会经济发展人民生活水平提高，对居住要求和需求也日益增加，从而使得住房刚性需求增加，个人购房意愿大幅度升温，中等收入者逐渐成为购房主体，形成住房消费高潮。在短时间内集中释放，推动了房地产价格飞速上涨，商品房市场需求就此保持旺盛。与此同时，对住房品位要求的不断提高，局部地区和一些优质楼盘，甚至出现排队抢购等奇特景观，一些人为了买到房子，等不到开盘当天，就早早排队等待，或者睡在售楼处，又或者掏出几百元钱请人替自己排队，更有甚者领到号牌后立即卖起了排队号牌，以此获取倒卖收益。导致这一现象的主要原因,是房地产总体需求强劲造成供求关系紧张,而影响住房总体需求快速增长的因素有很多,概括起来主要包括正常住房需求、超前住房需求、被动住房需求和投机型住房需求,这些都直接或间接影响了房地产业的正常发展轨迹,共同推动了房价上涨。正常住房需求,是指随着我国国民经济增长收入增加,从而使得居民对住房的合理需求,特别是包括外地人购房在内的中高端需求强劲;超前住房需求,是指超出了购买者自身现行购买能力而形成的一种需求,如从银行贷款买房等情况;被动住房需求,是指因拆迁城镇居民旧房而产生的住房需求;投机型住房需求,是指由于投机炒作而形成需求。

2000年福利分房停止后,全社会对商品房需求量开始出现增大。当年年底福利分房政策已经停止,随着房改政策进一步落实、分房货币化政策实施和居民收入水平提高,社会对商品房需求呈上升趋势,大众在一段时间等待观望之后,对福利分房已不抱任何希望,消费观念发生转变,形成商品房需求增加,也是房价上涨的重要原因。另外还有相当一部分享受到福利分房或住旧楼房和平房的人,为改善居住条件,将现有住房出售或出租,再添一部分钱购买新房,也形成了相当大的实际需求。

(2)基础条件:经济高速发展与居民收入增加

如果用价格与收入同比计算,1998年房改货币化时,全国商品房住宅平均价格只有1854元/平方米,同样城镇人均可支配收入为5425元/年,家庭平均为3.16人/户,则家庭年

涨价等于涨停

收入为17143元/年。一年收入可以购买当年商品房为9.5平方米,8年约购买74平方米住房。全国1998年住房中位数面积为62平方米,则房价收入比在1:7以下,也就是说半数城市房价收入比在1:6以下,少数地区房价收入比在1:8左右(因为收入合理应用中位数,房价也应用中位数价格,则全国平均房价收入比都在1:6以下)。

2009年全国商品房住宅平均价格为4445元/平方米,同年城镇人均可支配收入为17175元/年,家庭平均为2.96人/户,则家庭年收入为50838元/年,一年收入可以购买当年商品房为11.44平方米,全国住房面积中位数约为68平方米,则8年的收入可以购买91.5平方米的商品房,6年的收入正好购买68平方米。房价收入比都平均在1:6之内,换成中位数技术,则仍是绝大多数地区房价收入比在1:6之下。再看各自增长情况,房价从1854元/平方米增长到4445元/平方米,增长了1.39倍,而人均可支配收入则从5425元/年增长到17175元/年,增长了2.16倍,从统计数据上看,收入增长要高于房价增长。当然,这里有很多被平均的因素存在,笔者只想从大数据角度出发,不介入统计局数据可靠性讨论。

综上所述,居民经济收入增加,刺激了人们对生活质量的追求。从原来浦西一个亭子间,到如今二室二厅"大众化"配置,居民对"家"的硬条件正在逐渐改善。

四、建材价格攀升,成了房价幕后推手

土地价格在提高,钢材、水泥等建材价格也在提高,使用

新材料带动质量的同时,价格也在走高,就连过去一直不用担心的工人工资也在上升,最终产品——房子价格自然也就噌噌噌了。

可能有人说建材成本增加,在整个价格体系中所占比例不大,毕竟建材价格上升对房价影响有限。诚然,到今天为止房地产仍是暴利,是其他多数行业无可匹敌的。并且房地产规模效益明显,利润略高于其他行业一点点,都足以形成巨大的利润漩涡。全国某著名楼盘,在北京开发的项目包括所有成本,每平方米大约为5000元,老板初始计划开盘9000元／平方米,慢慢过渡到12000元／平方米。大家可能无法想象,事态的发展远超出老板期望值,后来该楼盘售价攀上3万元／平方米,现在到了5万元／平方米,试问这种暴利有谁能敌?

尽管建材成本对房价的推动不大,但不等于没有推动,成本增加,开发商是不可能自己掏腰包,肯定要转嫁到房价中去,此外,建材成本上升,至少也给了开发商涨价的合理借口。

五、房屋保值属性

我国居民投资渠道相对狭窄,尤其是2001年7月以后,证券市场持续低迷,储蓄存款利率不断降低,房地产市场成为新的投资渠道和方式。另外,从经济发展一般规律看,伴随着经济增长,通货膨胀必然相伴,投资者从保值增值角度出发,逐步认同投资房地产是最佳选择。房子已不再是仅仅满足于居住,同时更是一种理性投资品。在银行利息式微、股市风险较大、黄金行情不稳等因素催动下,房子成了百姓最为保值增值的投资工具。从商品房诞生至今,可以说其价格行情一路高

涨价等于涨停

歌,即使有价格下挫时段,那也仅是短暂的跳动,并不是房子本身贬值所造成。对于中等以上收入家庭而言,投资房地产是过去十年的最佳选择。

许多已经买过房的人,都能感受到房子所带来的巨大增值利益。这也正是许多手握闲钱的朋友一而再,再而三地不断买房原动力。在中国,拥有5~10套房子的人并不少,而拥有2—3套房的人则比比皆是。所以,这样难怪在中国产生了那么些"房叔"和"房姐"们,以及各个民间团体炒房团。就拿上海绿城这个楼盘来说,从2004年1万元一平米到2014年5万一平米,翻了近5倍。这个数据足以说明房屋的投资空间,从而也成就了万科这一中国第一房地产商。

用万科自己的话来说,始终坚持开发适合普通消费者需求的中小户型产品,其受行业宏观调控影响小,加上其卓越的综合开发能力,每一次调控对其而言更多是提高市场占有率机会。笔者记得曾经在一场专业论坛上,公司经营层向在场的机构投资者讲述拿地策略时,听到的全然是世界城市发展史,每一个先进国家对地域发展的谋略,还有适合中国人迁移的可能轨迹,这就是龙头企业的范,不仅仅表现在攀登珠峰上。

综上所述,一家企业的成功有时不一定是公司多么聪明,而是他站在了风口,站在了机会面前。如果碰巧,这个团队又是精明强干的一群人,那么就能在风口上获取更大收益,并且还能回避波动所带来的潜在危险。万科就是这么一位幸运儿,在大家都忙于成为多元化投资者,看到机会就想抓的时候,适时地启动聚焦主业战略,砍掉了地产以外的所有产业,这不得不说,他在十年前就种下了巨人的种子。

杭州吉华高分子材料股份有限公司
Hangzhou Jihua Polymer Material Co., Ltd.

证券代码：830775
证券简称：吉华材料

  杭州吉华高分子材料股份有限公司（证券简称：吉华材料，证券代码：830775）成立于2008年，现已成为专业生产三类不粘涂料的国家级高新技术企业，评为杭州市"雏鹰计划企业"，是中国化工学会涂料涂装专业委员会认定为会员单位，是中国五金产业技术创新战略联盟认定为副理事长单位。公司到目前为止共申请并拥有国家专利认证7件，省级工业新产品8件，在高分子材料领域积累了雄厚的研发实力。公司历年来与浙江大学、华南理工大学和浙江理工大学等高校开展过多次科研项目合作，极为重视智力资源在企业发展中的作用。公司占据全国不粘涂料领域市场份额的12%，进入国内该领域前三强。2014年5月30日，公司成功地在全国中小企业股份转让系统挂牌交易，2015年5月，公司成功跻身于全国中小企业股份转让系统创市企业。距离公司创业板上市的企业梦想又迈进了一大步。

  公司未来展望，通过科技创新，用一流的产品为客户带来便利，为消费者带来健康生活。我们将继续加大力度开发以环保、健康、高性能为特点的新项目新产品，引进新的设计概念，积极采用新工艺、新材料、新技术，用高新技术改变传统行业的弊端，大力推行绿色、环保的不粘涂料等高新产品，使企业做到可持续发展。

地址：杭州市萧山区红山农场　　电话：0571-22897396　　传真：0571-22898279　　邮箱：zjk841127@163.com　　网址：jihuadyes.com

·山东黄金·

新闻源头

2006年国际金价一片"涨"声,纽约商品交易所现货黄金价格一度突破了600美元/盎司。上海市黄金饰品行业协会表示,正是依据这一国际市场上黄金现货价格上扬的表现,为此次上海地区调价制定了具体涨幅。调整后,上海地区千足黄金饰品的基准价由174元/克涨至182元/克,铂金价格则由320元/克涨至326元/克。据悉,此轮调价已经是今年以来千足金的第四次涨价了,其基准价累计涨幅超过了13.7%。

根据相关规定,经营企业具体黄金零售价格,可在金饰品基准价的基础上上下浮动3%,这也就意味着,市面上现行最高金饰品价格将达到186元/克。而从目前市场行情来看,包

涨价等于涨停

括城隍珠宝、亚一金店、老凤祥、老庙黄金、明牌银楼等在内的一大批沪上金饰企业,已经实施了上调价格举措。各家调整后价格略有差异,其中部分金店的售价低于基准价,为179元/克或181元/克,而186元/克高价位也较为普遍。另据了解,此次上海金饰价格上调时间,已晚于国内其他地区。在这以前,北京、青岛、南京、武汉等地黄金饰品价格都已进行了调整,其中最高零售价达到了202元/克。此外,周大福也在香港总公司自主调控下,于4月上旬将金饰价格由190元/克提高到193元/克。

虽然这番涨价来势汹汹,但金饰品销售却不见得会出现明显波动。据业内人士分析,上海消费者在购买黄金饰品时素来有"买涨不买跌"心态,出现了一定涨幅并不会抑制这类消费需求。而有意炒金的投资客,其关注点会是"纸黄金"或金条,金饰品也不会因涨价而出现明显销量上升。不过有数据表明,今年上海结婚的新人将达到15万对,这部分人群势必会成为促使金饰品走俏的重要力量之一。

小左解读

这是一家在上一轮牛市中极具代表性的股票,因为它既是人人喜欢的黄金,又是人人都能看到的透明价格。所以,在全球性货币繁荣的时代里,金价就出现了不断地跳跃。一口气突破了千元大关,甚至在最辉煌的时候朝着2000元飞奔而去。记得我在2008年写过一篇《品货币战争》的文章,当时还很有意思地第一次被广播电台采访,其实,很多机会就在身边。每天去看看新闻,每周去逛逛商场,这些信息都能够轻易掌握。

全面解析

黄金类资源股在当年的市场上可谓是闪耀明星,山东黄金在 2007 年抒写了属于自己的传奇,一举超过老大哥贵州茅台。

可以从以下图表中看到,公司在黄金价格不断上涨的过程中,演绎了一幕跟斗云式的翻番曲线。当然,我们不能用现象去推倒结果,因为这样对判断未来投资没有意义,所以,还是先来看看世界黄金储量和历年来的黄金行情,就知道金价为何从 2007 年开始步入上行通道,金价又受哪些因素影响?并且在未来如何布局新机会?

涨价等于涨停

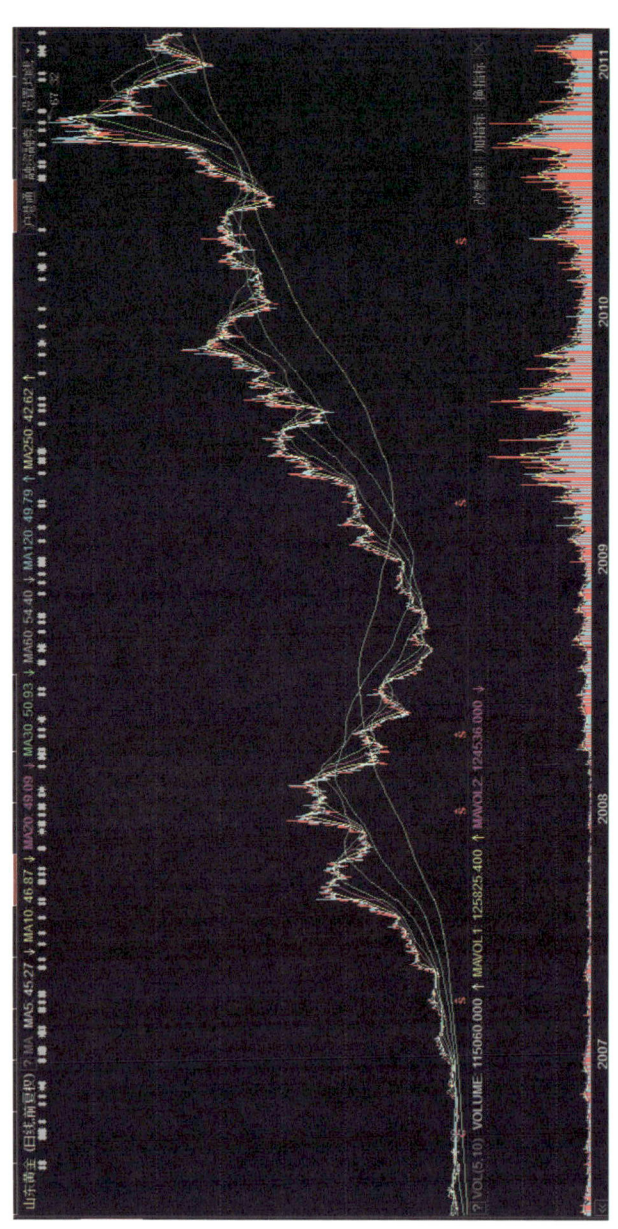

一、世界黄金储量中国位居第二

1. 世界黄金储量南非最大

到 2006 年底世界黄金储量(不包括中国和其他一些无数据国家)为 42000 吨,储量基础为 90000 吨。2004 年,美国黄金储备和基础储备分别由上一年的 5600 吨和 6000 吨下降到 2700 吨和 3700 吨,而秘鲁黄金储备和基础储备分别由上一年的 200 吨和 650 吨,上升到 3500 吨和 4100 吨。世界基础储量比 05 年减少 1000 吨,而减少的储量转变为基础储量。此后,2004 到 2006 年各国储量和基础储量均没有变化。

全球黄金市场主要分布在欧、亚、北美三个区域。欧洲以伦敦、苏黎士黄金市场为代表;亚洲主要以香港为代表;北美主要以纽约、芝加哥和加拿大的温尼伯为代表。

2003年－2006年世界黄金储量和基础储量

国家	2003年		2004年		2005年		2006年	
	储量	基础储量	储量	基础储量	储量	基础储量	储量	基础储量
美国	5600	6000	2700	3700	2700	3700	2700	3700
澳大利亚	5000	6000	5000	6000	5000	6000	5000	6000
加拿大	1300	3500	1300	3500	1300	3500	1300	3500
中国	1200	4100	1200	4100	1200	4100	1200	4100
印度尼西亚	1800	2800	1800	2800	1800	2800	1800	2800
秘鲁	200	650	3500	4100	3500	4100	3500	4100
俄罗斯	3000	3500	3000	3500	3000	3500	3000	3500
南非	8000	36000	6000	3600	6000	3600	6000	3600
其他国家	17000	26000	17000	2600	1700	2600	1700	2600
世界总计	43000	8900	42000	90000	4200	90000	4200	90000

南非黄金基础储量占世界40％，比例一直没有变化稳居第一位。其他依次是澳大利亚6.67％、秘鲁4.56％、中国4.56％、美国4.11％、俄罗斯3.89％、加拿大3.89％、印度尼西亚3.11％。

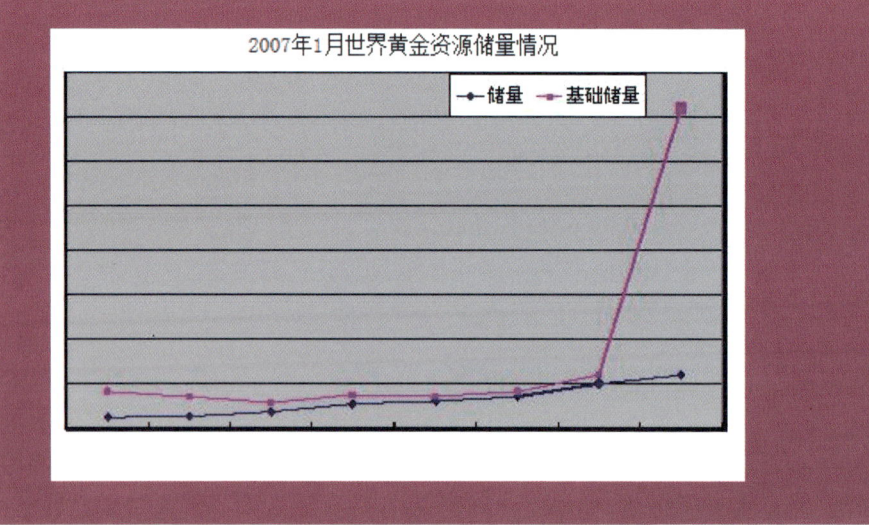

2. 中国黄金储量居世界第二

中国金矿资源比较丰富，总保有储量超过4000吨居世界第七位。分布广泛，除上海市、香港特别行政区外，在各个省、市、自治区都有金矿产出。就省区论，以山东独立金矿床最多，江西伴生金矿最多；黑龙江、河南、湖北、陕西、四川等省金矿资源也较丰富。

我国最有名的金矿是山东胶东金矿，其中90％以上集中分布在招远－莱州地区，主要矿区就是玲珑金矿。该矿区有着悠久的开采历史,建国以来引进现代采冶技术,逐渐发展壮大,产金量一度居世界第五位。属于这一类型的还有河北迁西县金厂峪金矿、河南西部小秦岭金矿等。我国第二大金矿类型是沉积岩型,即所谓"卡林型"或"微细浸染型"。这类矿虽然品位较低,金粒细小而且分散,但矿床规模大。在当今采矿、选冶技术发达情况下,可以获得很高产量,卡林型金矿主要分布在滇、桂、黔和川、陕、甘地区。

到了2013年,国土资源部公布《2013年中国国土资源公报》显示,2013年我国矿产资源勘查取得显著成果,新发现大中型矿产地173处,新增查明金资源储量761吨。截至2012年年底,中国探明黄金资源储量为8196吨居世界第二。加上新增查明储量,目前被探明黄金存量达到8957吨。

据中国黄金协会最新统计数据显示,2013年黄金产量达428吨,这是我国连续第7年蝉联全球第一大黄金生产国。

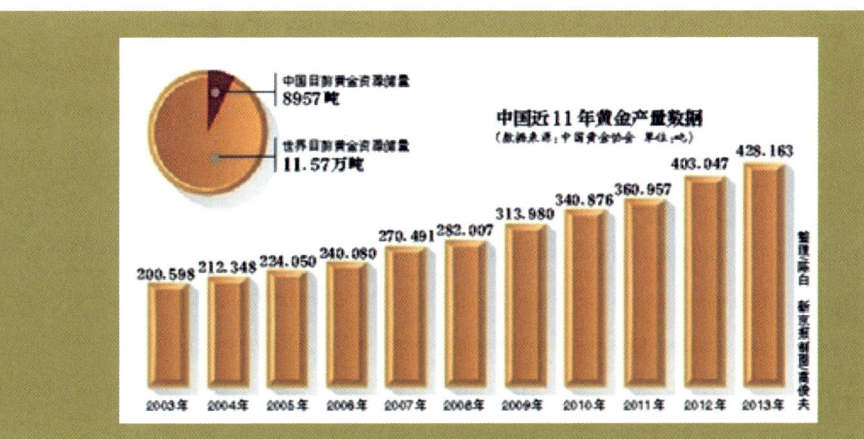

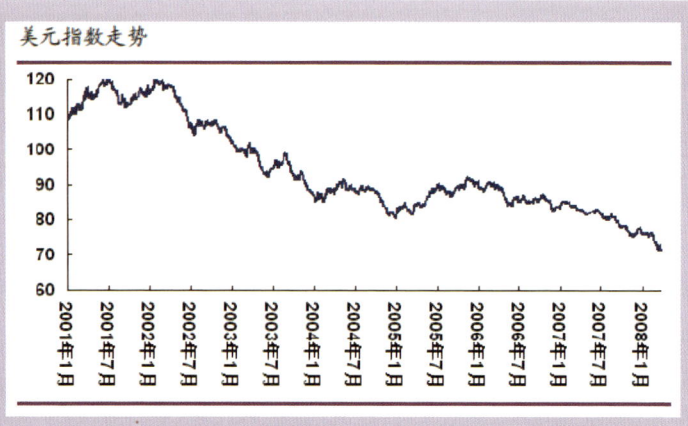

二、金价历年来行情走势

2002年以来,国内、国际黄金价格呈现单边上扬走势,2008年3月国际黄金价格突破1000美元,创下历史新高。

当年由于美联储降息,加剧了美元疲软和国际原油价格不断走高,国际贵金属价格也不断创下新高,而货币贬值就是金价走强最重要原因之一。从美元对外价值看,21世纪初美国"新经济"泡沫破裂,启动了美元对主要货币汇率贬值序曲;2002年以来持续上升的全球资源性大宗商品价格,又给美元带来了通胀压力;2007年以来美国次贷危机,更加剧了美元持续走弱。

国际黄金价格走势

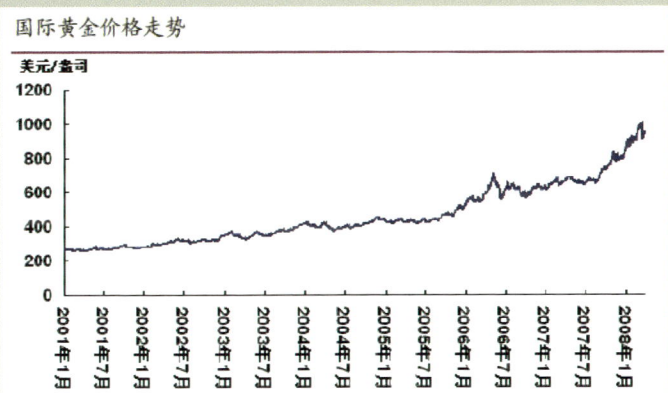

上海黄金交易所9995金价格走势

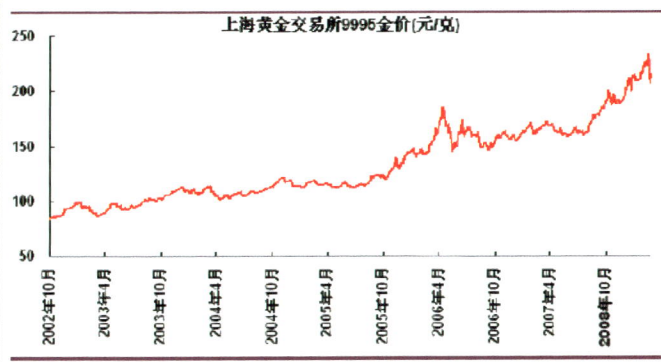

2007年黄金价格走势图

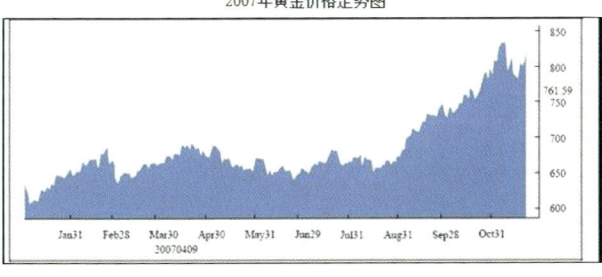

涨价等于涨停

由于美元持续贬值,国际黄金价格则在 2007 年出现持续上涨的跷跷板态势。当年均价为 685 美元/盎司,比 06 年 604 美元/盎司均价上涨 11.33%。

三、黄金价格波动的原因

(一)供求关系的原因

黄金实物需求和黄金产量、存量之间的均衡关系,在一定时期和一定范围内左右着黄金价格,形成了黄金商品属性范畴的价格机制。供需情况能够在中长期内决定价格走势,已为历史经验所证实。

这个价格机制也是黄金保值、投资、投机等金融范畴属性,影响金价的作用基础。1994 年以来,国际黄金供需总量基本稳定,供求关系基本平衡,每年保持在 3000~4000 吨之间。2001 年黄金市场供需面改善,也引起了投资需求转变,消费能力的提高促使现货投资大幅提高。2007 年以来,全球范围内黄金处于"供不应求"的状态,每年缺口在 300 吨左右,这也是黄金价格上升的基本原因。2010 年全球黄金制造业用金需求量的 60% 来自于世界各地各大金矿,其余 40% 来自于官方黄金储备抛售和再生金。由于传统生产中心矿场老化,而且近几年缺乏发现新的大型金矿,生产成本上升产量下降。黄金开采平均总成本大约在 275 美元/盎司。但由于世界黄金产量下滑,即便再生金和央行售金数量有所上升,但是仍无法完全抵消矿产下滑带来的影响。

黄金需求主要来自实际使用、保值投资和国际储备,地球上黄金存量目前大约有 16 万吨,每年大约以 2% 的速度增长。

全球年供给量大约为4000吨,主要来自于以下几个方面:一是矿产金约占总供给量的60%;二是回售再生金约占供给量的20%;三是各国央行、国际货币基金组织及私人投资机构抛售黄金约占总量的10%。矿产金是黄金供应主要来源,近年来供应量比较平稳,长期保持在2400~2500吨/年水平。由于开采技术发展,开发成本在过去20年以来持续下跌,目前平均总成本大约略低于260美元/盎司。故本世纪金矿开采周期很长,从勘探到上市一般需要5~6年,因而新金矿发现对于当期金价影响不明显。再生金指通过回收旧首饰及其他含金产品,重新提炼所得。因为金价上涨、出售黄金制品有利可图时,再生金供给就会加大,故再生金产量与金价呈现出正相关关系。2006年全球再生金产量1107吨,比2005年增加了25%。央行售金,中央银行是世界上黄金最大持有者,1998年官方黄金储备大约为34000吨,占已开采全部存量的24%,这相当于按目前生产能力计算世界黄金矿13年的产量。国际货币基金组织及私人投资机构,也保有一定数量的储量。这些机构的销售是国际市场一个重要黄金来源。

黄金实际需求,包括首饰消费和工业制造。黄金工业制造需求包括:电子工业、医学、官方金币金章等。一般来说世界经济发展速度,决定了黄金的实际需求。经济持续增长,个人消费者对黄金饰品、摆件的需求也相应增加。

黄金投资需求,是近年来价格变动的主要力量,来自于保值和投资对于实物金条和金币金章囤积,投机性需求对金价影响越来越大。投资保值需求参考指标有:黄金ETF持仓变化、CFTC黄金持仓数据、纽约期金未平仓合约数、黄金生产企业远期对冲头寸等。黄金ETF,全称黄金买卖型开放式基金。作为一种在交易所买卖的开放式基金,黄金ETF持有黄金现货,并不持有或买卖高风险的金融衍生品,如期货和期权等。与直接出资黄金现货比较,出资者出资黄金ETF具有许多优势。首要,出资黄金ETF所需参加金额较低,且无需出资者直接持有金条,活动性好,因而可大大下降出资者出资黄金门槛;其次,出资黄金ETF还具有成本低价优势,不会发生出资黄金现货所触及的各种费用,例如保管费用及买卖费用等。因而,黄金ETF在全球范围内受到了很多黄金出资者喜爱。

国际储备需求,各国官方的黄金储备主要作用是作为国际支付准备金。由于一国黄金储备多少与其外债偿付能力、货币公信力有着密切联系,因而各国中央银行及国际金融机构为了保持一定黄金储备比例,会参与世界黄金市场交易活动。另外,黄金价格与世界官方黄金储备量,占各国外汇储备的比例有一定关系,比例缩小金价下跌。由此可见,央行售金政策是供给因素中,对金价影响最直接最大的因素。

(二)国际原油及通货膨胀对黄金价格影响

黄金具有抵御通货膨胀的功能,而国际原油价格又与通胀水平密切相关,因此,黄金价格与国际原油价格往往呈现正向运行互动关系。由于黄金和石油受共同因素影响,当这些因素发生变化时,黄金价格和原油价格就会有一定同涨同跌性,可以说两者相关度较明显。当然在个别的时候,也会出现负相关情况。

如果通胀剧烈,人们所持有的现金便会失去保障,即使收取利息也赶不上物价上涨,在这时黄金就是人们最好选择,尤其是欧美国家的通胀最易影响世界金价。所以黄金通常被作为观察通货膨胀水平的重要指标。

(三)宏观经济对黄金价格影响

首先,经济增长对于黄金价格的影响,来自于区域范围内币值变化、通货膨胀和居民购买能力。一般而言,经济增长伴随居民购买力增强和通胀加剧,会促使金价上升。其次,经验表明扣除通货膨胀后的实际利率,是持有黄金的机会成本,对金价有重要影响。实际利率为负时期,黄金金融属性,尤其是保值避险功能得到充分发挥。最后,央行运用各种工具调节货币供给和利率,以影响宏观经济方针和措施。货币政策分为紧缩性货币供给政策和扩张性货币供给政策,紧缩性政策目的是通过减少货币供应量,达到紧缩经济作用,扩张性政策则相反。目前,由于美元是国际货币体系的基础,美联储的货币政策是影响金价的主要因素。

(四)汇率变化对黄金价格影响

一是美元汇率在短中长期都是影响黄金价格波动的重要因素,是黄金投资中必须密切关注的经济指标。美元汇率对黄金市场的影响主要有两个方面:(1)美元是国际黄金市场标价货币,与金价呈现一定负相关关系。(2)黄金是美元资产替代投资工具,美元汇率下降往往与通货膨胀、股市低迷有关,黄金保值功能得到体现,刺激投资、保值和投机需求上升;美元汇率走强,美国国内股票和债权得到追捧,黄金作为价值储藏手段功能受到削弱。

二是人民币汇率制度改革和人民币升值趋势,会对国内金价产生重要影响。汇率变动会直接影响以人民币标价黄金国内市场价格;同时,中国经济增长实力增强,人民币对美元汇率变动也牵动国际市场黄金价格。

(五)政治因素对黄金价格影响

国际上重大的政治、战争事件都将引起经济变动,进而影响金价。任何当地货币,都可能会由于政局不稳而贬值。所以当政治和经济格局产生动荡的时候,黄金价格往往会走高。

(六)其他因素对黄金价格影响

投资者心理预期是影响黄金价格剧烈波动的重要因素。但是,投资者心理预期往往是配合其他方面因素共同作用,起到放大价格波动幅度作用,从而给黄金期货和现货投资创造了大量价差交易机会。

以一年为周期,黄金价格表现出受季节性供需的明显特征:一般而言,每年8和9月份金价开始缓慢回升;12月到2月份达到年内高点;然后逐渐回调,在二季度出现年内底部。亚洲国家传统上是实物黄金吸纳地。从三季度开始,受节日因素推动,亚洲黄金需求会逐渐增加从而金价上升。

国际黄金市场发展历史显示,在一般情况下,黄金与股市是逆向运行,当股市行情大幅上扬时,黄金价格往往是下跌的,反之亦然。随着美国次贷危机引发的金融危机,全球性货币信用危机促使机构投资者,寻找更合适的投资品种来对冲汇率不稳定风险。所以,以原油、贵金属为代表的商品市场,吸引了众多机构者视线,国际对冲基金纷纷进入黄金市场和其他商品市场。

四、黄金商品属性和金融性起关键作用

如今黄金市场可分为商品性市场和金融性市场,其中,金融衍生物交易才是市场主流。而目前中国黄金市场还停留在以实物商品交易为主的阶段。

黄金不同于一般商品,从人类发现黄金的时候,它就具备了货币、金融和商品属性。尽管价格持续下跌,但金融储备、货币、商品属性等仍然占主要地位。黄金是一种特殊商品,不仅具有商品属性,而且黄金天然就是货币,具有金融属性,黄金价格的走势不仅受到商品供给需求的影响,也受到货币政策、汇率和资本市场等影响。

1. 黄金是货币吗?

十九世纪金本位时期,黄金就成为世界公认的国际性货币。马克思说,货币天然不是金银,金银天然是货币。没有任何国际结算货币可以代替黄金,美元是以黄金为基准的,而除美元外其他货币以美元为参考。黄金发挥着货币职能,在制度层面上的它非货币化并不等于已完全失去了货币职能。刘植荣在文章《黄金是货币吗》中写道,虽然很难给货币下个精确定义,但货币必须具有三大功能几乎是公认的,即交易媒介、价值尺度和价值储藏。现在,人们不能把它作为交易媒介,也不能用它为商品或服务标价,或用它作为记账位,现在它充其量只具有价值储藏功能。黄金只具备货币三大功能中的一个功能,显然不能再称其为货币。

2. 黄金是商品吗？

从西方经济学消费行为理论和商品效用论分析，现代黄金具有满足消费者收藏需求效用，黄金饰品和器具是最基本用途，黄金饰品和工业用金增长是带动供需结构变化的重要力量，黄金可以作为收藏、纪念等特殊心理需求，在一定程度上满足并通过发行、销售、收藏参与到社会再生产过程中的生产、交换及消费，那么它便成为社会经济品，即商品。因此，现代黄金具有商品的双重属性，即价值与使用价值的统一。黄金本身具有价值，也有一定的使用价值，因而黄金是一种商品。

近年来，它更多地走进了平常百姓家。同时，也更多地成为了百姓进行合理资产组合、对抗通货膨胀、分散投资风险的重要工具，消费者对持有实物黄金兴趣持续增强，从而不断扩大了中国黄金市场规模。并且随着人们生活水平提高和消费结构变化，我国黄金创意、加工、零售产业也进入了一个全新发展阶段；除金融属性外，黄金还具有独特的自然属性，随着我国加快发展战略性新兴产业，黄金在电子、航空航天、环保等前沿科技领域，在新能源、节能、新材料、生物医药等新兴产业中的应用呈现快速增长势头。

综上所述，黄金在那个特殊岁月里，扮演着极度光鲜亮丽的角色，价格在高速列车上好像停不下来一样。甚至，笔者在一次某商业银行宴请上，有黄金业权威代表很形象地打了一个比喻说，全世界的黄金累加起来也就是从脚下延伸到对面大楼的距离,由此可见其"稀缺性"。资本就是这样,当人们陷入疯狂想象的时候,也就是灾难来临的时候,只是在这个过程当中没有多少人有勇气站出来捅破而已。

下一轮牛市涨价先锋预判

·海参跌价 为何壹桥海参净利增长40%·

新闻源头

壹桥海参业绩抢眼:2015年2月27日,壹桥海参公布了2014年度业绩快报,与市场担心壹桥海参会受到獐子岛"黑天鹅"事件影响所不同的是,实际业绩出乎市场的预料,2014年度报告期内,公司实现营业总收入54002.81万元,较上年同期增长1.38%;实现营业利润22499.88万元,较上年同期增长41.91%;利润总额24091.53万元,较上年同期增长39.55%;归属于上市公司股东的净利润23002.72万元,较上年同期增长41.53%;基本每股收益0.50元,较上年同期增长47.06%。

涨价等于涨停

在2014年海参价格不景气的情况下,公司能够取得这样的成绩,实在是出乎市场的预期。

小左解读

受到2014年獐子岛事件的影响,笔者对海产品养殖企业2014年的业绩并不敢恭维,而且2014年下半年以来,海参价格还在持续下跌,海参企业的效益可想而知,但是壹桥海参2014年度归属上市公司的净利增长41%,着实让小左吃惊,不过仔细研究了这家公司以后,小左认为它能有这样的收益,是该公司前期投入布局海参上游全产业链的结果,在海参跌价的时候,公司充分发挥了全产业链的成本优势,使得公司利润仍然坚挺。

未来公司的这一优势将越来越明显,从下图海参的价格走势来看,2014年度海参价格已经处于最近几年的阶段性底部,未来触底反弹甚至反转的可能性非常大,公司未来的盈利能力持续看好。

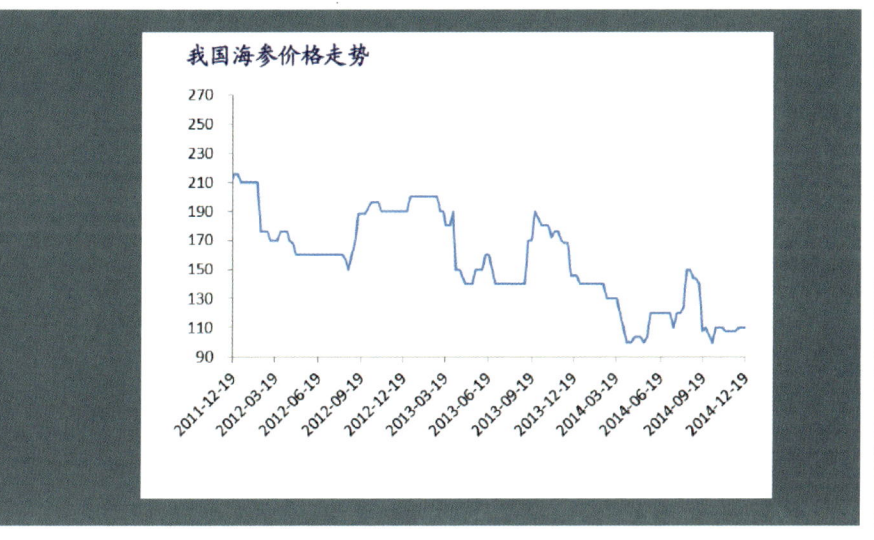

全面解析

一、壹桥海参涉獐子岛"黑天鹅"事件的概率较低

笔者选择壹桥海参作为案例,可能会让许多读者产生疑问,因为就在不久前,同在一个城市、一个海域的上市公司獐子岛,受北黄海异常冷水团影响,几年前在海里播下的价值7亿元的虾夷扇贝遭灭顶之灾,颗粒无收,2014年度的业绩也出现巨亏,归属于上市公司股东的净利润亏损为11.56亿元,上年同期为9694万元,同比降1292.01%;2014年度基本每股收益为–1.63元,因此不少人猜测壹桥海参播下的海参也会受到异常天气的影响,保不准哪一天也会步獐子岛的后尘,业绩大幅亏损,但其实仔细分析之后就会消除这种疑虑。

涨价等于涨停

1. 两家公司产品和养殖方式的差异化

獐子岛的海参主要以底播方式饲养,随着公司虾夷扇贝、鲍鱼业务收入增加,海参业务收入占比逐年减小;壹桥海参主要是以围堰海参为主,且注重海参的全产业链建设,因此两家公司一方面是产品交集不多。

另一方面是饲养方式不一样,根据笔者的了解,人工养殖的海参主要有圈养、围堰、底播三种方式。其中,圈养海参主要在潮间带内建造有换水闸门的封闭式围堰,可对海参进行投食、增氧等人工作业;围堰海参则是在水深10米左右的近海海域投放礁石,再放养海参苗,使其自然生长2~3年,捕捞出售;底播海参则是利用天然形成的海参生长海域,通过野生海参自然繁殖和少量人工投苗的方式养殖海参。底播海参养殖时间一般在3年以上,生长环境更接近于野生海参,因此其市场价格在240-260元/公斤,明显高于围堰及圈养海参;圈养海参受养殖时间、水体等因素影响,其品相、口感相对逊色,因此市场价格垫底。围堰海参和底播海参在营养成分上不分伯仲,仅因底播海参养殖海域小、产量低、养殖时间长,物以稀为贵,价格高过围堰海参,但是底播面临着比较大的自然灾害风险,比如獐子岛底播海参养殖就受到异常天气的影响损失巨大。

壹桥海参的生态海洋牧场位于瓦房店市一个叫做打连岛的小岛,这里属温带季风性气候,冬无严寒夏无酷暑,海底潮流平缓,自然暗礁众多,水质优异,浮游微生物及硅藻等甚为丰富,适宜海参生长,对比獐子岛遭遇异常冷水团的袭击,壹桥海参旗下35万亩风平浪静的海域成了宝地。国内养殖海参的平均每亩产量在200斤以下,而壹桥海参粗略估算可以达到500余斤,毛利率达到近40%,这样的成绩就算是放到新兴行业中,也毫不逊色。

2. 实地特色调研打破危机传言

其实就在獐子岛黑天鹅事件发生不久,壹桥海参就进行了危机公关。由于年底恰逢壹桥海参进行年末海参养殖存货盘点,公司趁此机会邀请了两家机构分析师、四家证券报记者以及公司的保荐代表人和律师,共同见证审计会计师盘点存货的过程。为了更加准确判断海参的存量,盘点过程中会计师随机选取多个样本点进行盘点。每个样本点标准为0.01亩,由于公司海域的水深大约在6到10米,潜水员在水下的行动轨迹从水面上不断涌出的气泡可以清晰判定。潜水员对各个样本点的海参全部捕捞,对捕捞的海参数量进行清点称重,计算出每个点海参的重量,以平均重量与面积相除得出每亩存量,用盘点的每亩存量与该海参养殖围堰面积相乘,推算出该养殖围堰的海参总存量,进而推算出公司所有海参养殖围堰海参总存量。最终的结果表明,壹桥海参目前的海参存货情况一切正常,符合预期,也就是说,壹桥海参出现颗粒无收的情况概率几乎是不存在的。公司的产量是有保证的,这也是公司业绩提升的重要基础。

公司层面也表示,今后为了避免发生类似黑天鹅事件,公司将定期邀请中介机构、媒体、分析师、股东以及监管部门,一起来共同见证存货盘点过程。

二、公司2014年业绩支撑公司发展

1.2014年年中业绩超预期,黑天鹅概率低

笔者在写这本书的时候,壹桥海参尚未公布2014年年报,但从已经公布的2014年三季报来看,公司期内实现营业收入2.84亿元,同比增长34.12%,实现归属上市公司股东净利润1.06亿元,同比增长21.98%,完全摊薄后每股收益为0.23元,符合预期,没有出现所谓的黑天鹅事件。其中,仅三季度单季就实现收入7811万元,同比增长78.27%,归属上市公司股东净利润2585万元,同比增长130%,折合每股收益为0.06元,预期全年实现业绩增长应该不是问题。

公司三季度单季收入略超预期,主要原因在于公司加工海参销售的持续销售所致。由于三季度公司贝苗和鲜参收入基本可以忽略不计,因此三季度单季收入7811万元,主要来自于加工海参销售,按此计算,公司前三季度加工海参销售收入已经达到1.6亿元,与2013年全年水平持平。公司加工海参的持续放量大幅增长,一定程度上平滑了鲜参价格下降带来的负面影响,对公司业绩的稳定增长起到关键作用。

实际中的业绩说明,公司并未受到獐子岛黑天鹅事件的影响,业绩稳中有升,2014年度报告期内,公司营业总收入较上年同期增长1.38%,归属上市公司股东的净利润为2.3亿元,较上年同期增长41.53%;基本每股收益0.50元,较上年同期增长47.06%。从其近期不断上涨的股价来看,壹桥海参在资本市场上的股价是属于被严重错杀,这就给公司的股价回升奠定了基础。股市的历史经验表现,业绩良好的公司,如果被

错杀的话，股价迟早会迎来回归。笔者在此大胆预测，壹桥海参的股价将在 2015 年上半年或者年中，突破前期的高点，达到 20 元以上。

2. 公司的龙头"野心"提高公司盈利预期

我国海参这个市场大概有 400 多亿到 500 多亿元的市场空间，但是到目前为止还没有一个具有领导力的品牌诞生，壹桥海参虽然作为业内知名品牌，但营收水平尚不足以占据龙头地位。

按照一般的行业测算，食品行业里面如果要做到行业龙头的话，最起码要有 20% 的市场占有率，但是没有任何一家企业达到这个水平。因此这对于布局经营海参上下游产业链多年的壹桥海参来说，是前所未有的一种机遇。

市场里没有"老大"，就给了公司冲击海参行业老大的机会，如果公司能够趁此机会占住海参市场龙头的位置，将会形成强大的品牌效应，具有事半功倍的效果。

三、壹桥海参全产业链条经营模式保证低成本经营

2015 年 1 月 6 日，壹桥海参发布公告称，公司自 2015 年 1 月 7 日起由"大连壹桥海洋苗业股份有限公司"，变更为"大连壹桥海参股份有限公司"，简称为"壹桥海参"，从名称上我们就能直观看出，公司的重心已经转移到海参全产业领域，包括海参育苗、养殖、加工、销售等方面，公司未来在海参业务上的能力将有增无减。

这样做最大的好处就是，公司能够真正实现所有环节的自我管控，既能提供最新鲜、有营养的海参产品，保证消费者

涨价等于涨停

的餐桌安全,又能抵御产业链条上不同环节价格波动的风险,这一效应已经在2014年得到了很好的体现,2014年我国海参价格大幅下跌,但是壹桥海参仍然实现了40%的利润增长。

自2010年公司上市后转型海参养殖以来,公司积极打造"育苗—养殖—加工—销售"的全产业链运营模式,2012年随着公司海参养殖放量,公司积极向下游加工和销售转型,2013年加工海参销售突破1.6亿元,2014年已经突破2亿元,2015年笔者预计利润将继续实现较快增长。

(1)"苗"头成本大大降低

大连当地的海参虽然数量众多,但由于育苗技术不稳定、工艺不合理、管理不科学等原因,致使健康优质的苗种不能满足养殖需求,且成本居高不下。壹桥海参在2014年9月与中国水产科学研究院黄海水产研究所,签署了《良种繁育与高效生态养殖技术开发所企战略合作协议书》,合作期限为五年,双方将联合开展海参良种选育与苗种扩繁技术、大水面高效生态养殖技术、水产品精深加工与品牌建设等方面的产业技术合作,该项协议书的签订,将对壹桥海参未来海参及其他海珍品养殖的项目研发和技术攻关产生积极的影响,极大提升企业综合发展潜力。当前壹桥海参正在执行"育苗－养殖－加工－销售"的海参产业链一体化战略,这一合作或许将对公司源头上的育苗和养殖等技术带来改进,进一步提高育苗产量,降低生产成本。

此前公司在全产业链运营大背景下,成本端已经显著下降,首先在养殖环节能够抵御鲜参价格下降的风险。2014年开始公司自育苗种比重提升,未来三年自育苗的占比分别约为20%、40%和100%。由于自育苗的成本低于外购苗成本约30%,所以尽管2014年海参价格较2013年同期下降约30元/公斤,但成本较2013年下降超过30元/公斤,因此公司全年海参捕捞量的增长基本能够保证业绩的增长;其次随着加工海参放量,能够进一步提升海参业务的综合毛利率水平,保证公司每年业绩稳定增长。

目前国内海参消费市场规模约为400亿元~500亿元,这对壹桥海参来说,是一个前所未有的机遇,未来公司将在产品研发、营销模式、品牌建设、消费者服务等方面进行深度探索,努力成为市场领导者。

(2)捕捞面积增加极大强化了公司底气

壹桥海参原来拥有5.2万亩的围堰海参面积,公司已经将其全部改造完毕,预期2016~2017年将达到满产水平,未来2-3年的捕捞量随着海域逐步达产,产量将进入快速放量期。笔者预计公司2015年~2016年,海参捕捞量分别3360吨和5280吨,年均增速达到30%,预计价格分别为135元/公斤和140元/公斤,由于成本下降带来综合毛利率保持稳步向上态势,预计分别为46.7%和48.6%。

2014年中,公司还与瓦房店市谢屯镇政府签署《海域承包合同书》,此次承包合同签订以后,公司的海域面积将达到35万亩以上,较之前约5.2万亩足足增加了7倍。预计远期全部达产后,壹桥海参海参年采捕量可以达到2万吨。如果以现有的实际捕捞量测算,未来公司海参采捕量至少还有6~7

倍的增长空间。

资本市场的嗅觉向来是最灵敏的,投资者可以查阅壹桥海参 2010 年第一次获取 4.5 万亩海域,以及公司近来两年多次实施海域改造,对资本市场成长性带来的震动。公司此次承包的 30 万亩海域,若每年轮捕 10 万亩,保守估计单产 30–40 公斤/亩,底播海参零售价 140 元/公斤,毛利率约 50%,每年可贡献毛利润约 2.1~2.8 亿元。考虑到海参养殖周期为 2–3 年,预计 2017–2018 年后开始对公司贡献业绩。

(3)就地加工降低加工成本

目前,公司养殖用苗全部为自产的生态苗种,经过天养天泽的自然生长,且采捕加工的海参全部为公司自产海参,没有对外采购情况,从每个环节既保证质量又保证成本优势。

一般来说,国内不少海参加工厂都会设在陆地,这样运输、加工都比较方便,成本也相应较低。笔者曾有幸调研壹桥海参,发现它的加工厂是设在远离大陆的一个小岛上,深入调研才发现个中原因:每逢海参采捕季节,工作人员从海底将海参采捕到船上之后,作业船就会用最短的时间将海参送到加工厂进行加工。一般来说,从出水到工厂的加工流水线,只需要 18 分钟,这样可以最大限度地保证海参的鲜度、营养成分等,而如果加工厂地处陆地,这其间的时间距离至少会在几个小时到几十个小时之间,就近取材虽然加重了工厂和后期的运营成本,但绝对保证了产品的质量。这再次说明了壹桥海参有足够的魄力自我管控育苗、养殖、加工到最终的销售环节全产业链,有助于培养公司的海参领域的行业地位。

·海参跌价 为何壹桥海参净利增长40%·

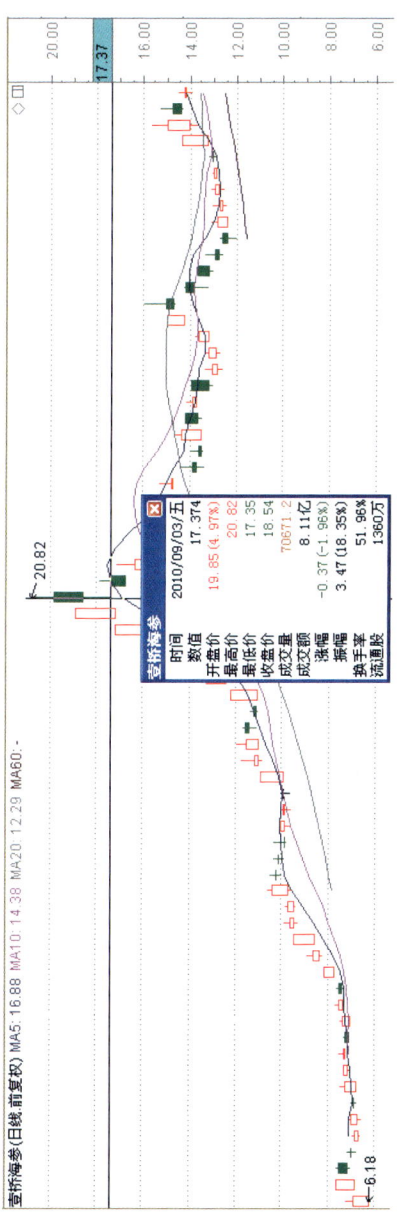

海参养殖在应对价格波动中还有另一明显优势,如市场海参价格低于投产时的预期价格,公司将减少捕捞量,将海参暂时留在海里,而且海参一般养殖周期为2~5年,在围堰海域播种之后并不需要投饵和维护,不会增加过多的养殖成本,因此公司可以在价格相对较高时进行捕捞,在价格较低时减少捕捞量,规避部分经营风险。

4. 终端实体店完善产业链布局

2014年9月底,壹桥海参海参营销中心正式落成,该营销中心同时也是壹桥海参的总旗舰店,壹桥海参在做大做强海参苗种繁育的基础上,通过整合产业链上下游资源,优化资金、海域、人力、科技配置,稳步发展海参深加工产业,已经形成了覆盖海参苗种繁育、养殖、加工、销售为一体的完整产业链条,成为国内为数不多的几家能够在全产业链所有环节都实现自我管控的企业,从中国海参行业的隐形巨人到全产业链领军者,壹桥已经抢先一步引领行业之先。

四、公司的海参有望实现量价齐增

1. 公司低价策略短期利空长期利好

公司董事长刘德群2014年曾表示,公司目前每斤50元~60元的鲜海参价格,是得民心的价格,有助于质优价廉的海鲜进入千家万户,而且在这个价格上,海参养殖仍然有巨大的利润空间。巧合的是,笔者曾经在一档财经电视节目中,了解到了公司最初发展的历史:2003年公司养殖了60亿个育苗,正好赶上了"非典",大连的客户没办法外出采购育苗,这给了公司一个绝佳的赚钱机会,但是公司不但没有坐地起价,每个育苗还让利5厘,整整少赚了600百万元,也就是这一低价战略,彻底打响了知名度,也让壹桥海参初步在海水养殖领域站稳了脚跟。由此可见,低价策略一直是公司常用的占有市场的方法,预期未来该低价策略还会经常使用,这将会促使公司不断扩大市场占有率。

2. 海参消费量长期看好

按照中产家庭海参滋补食品的平均消费额度测算,一个家庭海参年消费约在10000元左右。而根据《福布斯》杂志的一则调查报告,中国中产阶层的家庭最多会有1.6亿个,按这个数字算,中国海参市场的发展空间应该很容易突破千亿,那么在全国占据半壁江山的大连海参,则有望创造至少500亿的产值,但事实上,目前中国海参市场的总产值只有300多亿,我国的海参企业大有可为。

过去多年,市场普遍认为海参是高档食品,属于小众群体的消费品,但是近年来随着中国经济的快速发展和人民生活水平的普遍提高,海参以其稀缺性和天生的营养功效成为高端宴请、礼品馈赠、养生保健的最佳选择,已经进入大众的视野,大众消费需求将成为海参消费需求的主力军。因此壹桥海参通过抢占上游优质海域资源,打造全产业链条,通过低成本优势,利用"品质优异、价格适中"的海参产品,拓展大众消费渠道的发展思路,无论是对公司上市以来的业绩表现,还是对公司未来的成长预期,都有很大的帮助。

五、2015年海参价格或将稳中有涨

2009年开始,我国的海参价格一路攀升,至2011年11

涨价等于涨停

月达到每公斤 220 元的历史高峰,涨幅超过一倍。随后,海参价格开始走低,尤其是 2013 年以来,海参需求锐减,价格也在 2014 年 4 月创下每公斤 100 元的新低,不到价格高点的一半,但是养殖户的人工成本和饲料成本都在上涨,海参的盈利越来越低,不少养殖户陷入迷茫。价格是市场的晴雨表,价格的巨大变动,让养殖户感觉到海参市场已经陷入了某种危机,纷纷退出了海参养殖和加工市场。考虑到海参产能释放需要一定周期,因此供给减少无疑将会带动海参价格在 2015 年以后出现温和复苏。

1. 海参供给收缩明显

我国的海参养殖、加工市场对海参市场销售价格的反应周期较长,这就造成了信息滞后,对次年海参的养殖采购带来了波动风险。因为我国的海参采收是在春秋两季这两个月的时间里进行,随后的加工又要用去两个月,而海参消费的旺季主要在秋冬(从中秋到春节),因此,市场价格信号的反馈周期大约是半年。换言之,加工户在 2012 年春天按往年需求量采购鲜参,加工之后等秋冬再销售。销售回款之后,再进行采购、加工。

2012 年十八大以后,海参消费随着高档餐饮及公务送礼需求的减弱而大幅下降,这一信号在 2013 年上半年并未被大多数加工者所注意和重视,他们仍然采购了不少鲜参,迎接他们的 2013 年秋冬却是冰点的市场,很多海参加工者一下就撑不住了。保守估计,有 60%~70% 的加工户和养殖户,退出了这个行业。而海参的收购价格,从原来的 120 元一斤一路狂跌到了40多元；养殖户的海参圈，曾经热炒到5~6万元一亩，而今也跌到了4万元以下。

大批养殖户和加工者的退出，虽然一时间减少了海参供给，但对留存下来的少数企业来说是好事，他们凭借低成本优势形成了较强抵抗风险的能力。从长期来看，海参的消费量会逐步释放，有助于大企业增加产量提高市场占有率。

2. 北参南养：来得快去得快

北参南养，就是把北方大连或山东的海参大苗活体，拿到福建或其他南方海边水产养殖场进行短期（一般5~6个月）圈养，使之迅速长大，然后再作为鲜参原料返销北上，加工后销售。

南方养殖的海参，缩短了海参的自然生长周期，增加了海参的供给。2010年之前，福建的海参养殖产量大概有1000多吨。2011年猛增4倍多，达到7600吨。2012年就超过了2万吨。到2014年春天，产量直接飙到了快4万吨，差不多全国5根海参里，就有一个是福建参。但是这些福建养大的参，有2/3是大连卖出去的苗，量高往往导致质劣。北参南养的另一个客观效果，就是使一般市场上充斥着品质低劣、营养价值不高的海参。而大连海参恰恰以生长期长、口感好著称，通常来说大连海参一般要3年以上才能发育成熟，而在南方养殖可以将这一时间至少缩减一年，这种南养的参品质差，市场上鱼龙混杂，导致"劣币驱逐良币"，大连产的好海参往往卖不出好价钱。

南参来得快，去得也快，更多属于产业资本的行为，市场行情不好的时候,就会主动退出,进入其他领域。反倒是长期专注于海参领域的企业,例如壹桥海参在不少养殖户和加工者退出市场的时候,却不断增加投入,做大做强海参产业链,种植幼苗,增加养殖海域,扩大生产线,公司因此将在今明两年迎来产量的释放大年,在海参市场的占有率有望得到大幅提高。

3. 需求见底气温回升

海参虽然理论上属于高端礼品,但其实它也是一种很好的天然滋补食品。虽然十八大以后,海参消费随着高档餐饮及公务送礼需求的减弱而大幅下降,但2年多已经过去,市场各方已经完全消化了这一不利因素,目前海参的需求量正处于底部,企稳回升将是大概率事件。未来随着人民生活水平的提高和滋补保健意识的增强,全国海参市场需求量将会不断上升。

六．资本运作助推公司做大做强

伴随着海参产业的蓬勃发展,整个行业也暴露出"原料安全缺乏监管,产业链衔接失衡,加工品质良莠不齐,缺乏稳定融资渠道"等诸多问题,多数企业甚至在海参原料收购方面屡屡捉襟见肘。仅仅凭借市场调整和从业公司的摸索式发展已很难改变现有的市场格局,只有将整个海参产业引入高端资本市场运作,用资本整合资源、整合技术、整合渠道、整合品牌、整合行业,用更规范、更成熟、更科学的经营模式进行调整塑造,才是做强、做大海参产业的根本出路。

公告日期	项目名称	承诺使用募集资金(万元)	已投入募集资金(万元)
2014-08-23	海参苗繁育基地项目	28464.77	24585.29
2014-08-23	围堰海参养殖基地项目	48600.00	48043.81
2012-08-25	使用部分超募资金用于偿还银行贷款	3000.00	3000.00
2012-08-25	节余募集资金永久性补充流动资金	852.47	852.47
2012-08-25	海参良种基地项目	11500.00	11500.00
2012-04-26	海珍品苗种规模化繁育基地项目	24800.00	24800.00
2012-04-26	取得海域使用权	5500.00	5500.00

壹桥海参上市以来的募资项目

因此可以预见未来我国海参行业的资本运作将成为重新洗牌的主要手段,各类资本将通过各种形式进入海参产业,并对现有产业格局和多数专业海参企业形成重大影响。壹桥海参作为国内海参领域的领军者之一,有望在未来的资本运作中发挥一席之地。作为2010年登录资本市场的公司,壹桥海参携其特有的"全产业链,生态海参"入主海参产业,以资本市场的资金实力和品牌号召力引导海参产业,大幅度提升海参产业的发展层次和水平,为推动行业持续、健康、稳定发展明确了方向。公司上市以来,充分利用资本市场上的融资优势,资本运作频频,壹桥海参的公告显示,公司自上市至2014年底,已经完成了多次收购计划和项目投资,资产规模不断扩大。正是基于对公司收购行为的良好预期,公司的股价在收购当年得到了资本市场投资者的一致认可,上涨幅度明显。

涨价等于涨停

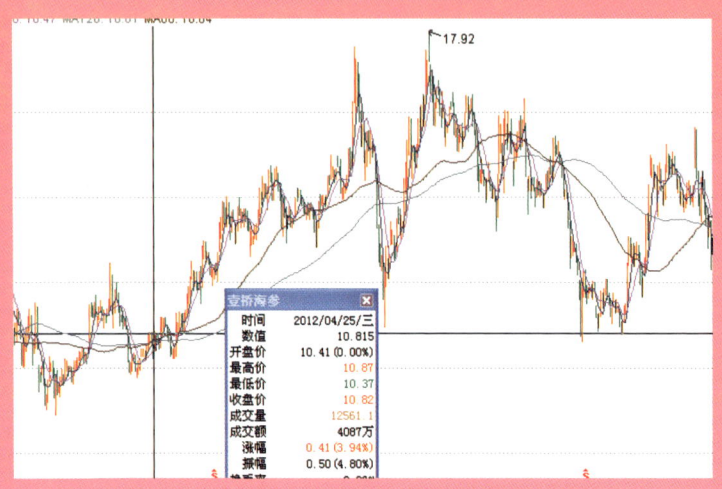

公司 2012 年 4 月发布收购项目前后股价走势

公司 2012 年 8 月发布收购项目前后股价走势

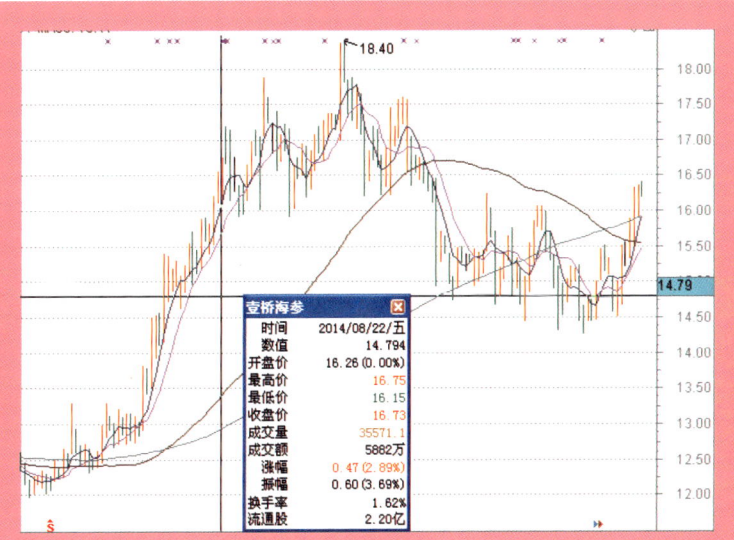

公司2014年8月发布收购项目前后股价走势

综上所述,笔者认为,前几年壹桥海参收购的海域项目,将在未来陆续开始释放产能,预计公司2015年~2016年的海参捕捞量分别为3360吨和5280吨,年均增速达到30%。再加上公司重点推进的全产业链运营模式逐步成型,抵御鲜参价格向下波动风险的能力大幅提升,未来公司因成本下降,带来的综合毛利率将保持稳步向上的态势,预计2015年和2016年的毛利水平分别为41.7%、46.7%和48.6%。2015~2016年EPS分别为0.67和0.96元,未来两年的业绩增速有望达到40%,在业绩有足够保证的情况下,公司股价必将迎来快速的增长。

浙江力诺流体控制科技股份有限公司

企业简介

证券简称：浙江力诺　　证券代码：830985

浙江力诺流体控制科技股份有限公司始创于2003年1月，是一家致力于流体控制设备的研发、设计、生产、销售为一体的国家高新技术企业，为温州首家新三板挂牌企业，位列在中国自动控制阀行业前茅，先后获得国家级高新技术企业、国家火炬计划项目企业、浙江省名牌产品、浙江省著名商标、浙江省模范集体、浙江省企业技术研究开发中心、温州市百佳工业企业荣誉。公司始终秉承"诚信、责任、创新、共赢"的价值观理念，以让工业流体控制更稳定更精准、提高工业自动化水平作为企业使命，始终专注于工业流体控制设备的研发和制造，为能源、石化、冶金、化工、造纸、环保、生化、医药等行业客户提供整体解决方案、产品和服务在现代化工厂的自动控制系统中发挥了关键作用。

地址：浙江省瑞安市高新技术（阁巷）园区围一路
电话：0577-65728108　网址：www.cn-linuo.com

·天然气提价促动胜利股份迎发展良机·

新闻源头

天然气再提价顺应市场形势:根据媒体的消息报道,2014年9月1日,发改委再一次调整了非居民用存量天然气价格,在保持增量气门站价格不变的前提下,适当提高非居民用存量天然气门站价格,最高门站价格每立方米提高0.4元。其实早在2013年6月,我国就已经出台了天然气价格调整方案,区分存量气和增量气,增量气门站价格一步调整到与可替代能源价格保持合理比价关系的水平,存量气价格调整分3年实施,计划2015年到位。这次非居民用存量气价格调整是分步

涨价等于涨停

理顺存量天然气价格的第二步。

小左解读

按照国家发改委的计划，至 2015 年年底，我国将实现存量气与增量气相同价格，不再区分存量增量。目前由于存量气、增量气之间还存在价差，未来在存量气与增量气统一价格的背景之下，天然气价格在 2015 年上涨的可能性比较大，涨幅或在 0.4 元 / 立方米上下。因此提前介入天然气类的上市公司，获得收益应该是大概率事件。

说到 A 股市场上涉及到天然气业务的公司，相信读者朋友能随口说出很多，比如陕天然气、长春燃气和深圳燃气，但是今天笔者想推出的并非是它们，因为它们的产品更多的是集中在管道气这一环节，而且属于国字头的燃气类上市公司，笔者想介绍的是一家正在转型天然气全产业链的民营企业——胜利股份。

全面解析

胜利股份以前的业务主要是生物制品制造业务、化学农药制造业务、塑胶制造业务和成品油批发等，但由于这些传统业务受到市场疲弱影响，目前正在走下坡路，因此胜利股份正在逐步转型天然气业务，以上下游一体化发展为基础，以天然气终端服务为重心，打造新的盈利能力。公司计划用三年左右时间实现"双百计划",即在终端市场控股建设 100 个加气子站和参股建设 100 个加气子站,实现产业超常规发展的战略部署。

虽然 2014 年下半年以来原油持续下跌,抑制了公司天然气的需求水平,但是就目前的情况来看,国际原油价格或已经触底企稳,天然气的悲观预期正在释放,同时作为环保和清洁能源的代表,天然气有望迎来下一个高速发展期。因此笔者认为,对于过去三年一直在致力于建设天然气全产业链的胜利股份来说,未来的发展前景是值得看好的。

一、原有业务退出,转型天然气全产业链

胜利股份原有业务包括兽药、农药、塑胶、成品油批发等,受需求疲软等因素影响,公司传统业务毛利水平较低,部分产品经营面临困难,在此情况下,公司积极谋求战略转型,逐步剥离高耗能、低效能的传统产业,大力发展天然气产业。

目前我国天然气基干管网架构正逐步形成,市场需求不断增长,行业正处于快速发展的成长期,前景非常乐观。胜利股份积极进行全产业链布局,首先依靠行业的地域垄断特性,在山东省内建立一定的先发优势,同时充分融合交易标的丰富的行业运营经验、产品和服务的技术优势以及专业的管理团队,以并购的形式减少进入天然气的磨合成本,使其尽快产生效益。

1. 传统产业逐步退出,明确转型方向

公司曾经是全球最大的泰妙菌素、黄霉素生产企业,国内第一家泰妙菌素原料药通过欧盟 COS 认证的生产企业,出口

涨价等于涨停

市场占有率多年稳居全国第一。公司生物产业拥有济南、济宁两个生产基地,但是近几年受到行业景气度低迷的影响,传统生物制造领域的利润水平并不高,2012年公司生物制品制造业的毛利水平不足10%,2013年达到15%,2014年半年报显示不足10%。

公司的化学农药制造在最近三年扮演了支撑业绩稳定增长的重要角色,尤其是草甘膦业务,它作为一种用于转基因作物的除草剂原料,目前的草甘膦产能为8万吨/年,为国内草甘膦的龙头企业,主要用于出口。2008年草甘膦价格高企,一度达到10万元/吨,高昂的利润吸引了大批厂家进入,随后产能急剧扩张,造成草甘膦市场产能过剩的局面,价格与高峰时期相差甚远。2014年9月中旬以来,草甘膦95%的原药持续进入下跌通道,价格从28600元/吨一路跌至23000元/吨附近,且近期仍有下跌趋势,价格反弹还需要等待外围北美市场的需求开启。

由于草甘膦的生产难度并不高,但生产过程中会产生污染较大的废液,废液处理成为企业头疼的问题,每生产一吨草甘膦,用在处理废水上的投入达到2000元~4000元。万吨以上的草甘膦产能,用在三废治理上的投入少则几千万,多则上亿元,因此国家开始逐渐采取环保严查政策,抑制草甘膦厂家的产销增长速度。对于胜利股份这样的龙头企业来说,虽然公司拥有规模优势,但是未来继续扩大草甘膦生产线显然不是最经济的发展方向,公司也有计划未来缩小草甘膦生产规模,专心经营天然气产业链。

2. 布局天然气业务，建设全产业链模式

2011年，胜利股份开始将天然气业务作为未来发展的主要方向，在上下游一体化发展的基础上，以天然气终端服务为重心，涉及到的细分业务主要包括居民用气、工业用气和汽车加气站。

2011年转型的时候，公司就陆续成立了11个子公司和孙公司开展天然气业务。这些公司中既有参股公司也有控股公司，主要是和中石油系统两家从事天然气业务的公司合资成立的，布局地点包括贵州、广西和山东多个城市，这种独特的经营模式，既能保障公司的原料供应，有利于公司学习积累经验，化解经营风险，也能保障公司在天然气领域能够顺利地发展下去。

2012年11月底，公司披露了在日照、东营、菏泽、聊城、德州5市各设立一个天然气区域公司，负责在注册地及周边从事天然气开发业务，总投资6000万元；同年12月，公司受让青岛润昊持有的山东昆仑胜利能源有限公司15%股权，持股达到30%；2013年12月，公司与山东鲁南装备制造有限公司合资设立公司，在枣庄市及周边地区共同从事天然气项目开发与天然气业务经营。通过设立公司、购买资产等频繁动作，胜利股份在天然气领域的布局已遍及山东省内大部分地市。这些交易完成后，胜利股份在天然气行业的布局范围更加广泛，市场拓展能力、专业经营能力也将进一步增强。

胜利股份在2013年末和2014年初采取行动，将持有的山东济南胜利生物工程有限公司55%股权和济南胜利生物工

涨价等于涨停

程有限公司 100% 的股权,分别以 1.79 亿元价格进行了转让,转让所获资金全部发展天然气业务。

为进一步加快培育天然气业务,实现产业升级和战略转型,公司在 2014 年 10 月,以现金方式受让控股股东胜利投资持有的青岛中石油昆仑能源有限公司 49% 的股权,受让价格为 1751 万元。该公司主要在青岛及周边地区运营 LNG(液化天然气)和 CNG(压缩天然气)加气场站,截至目前已运营 LNG 和 CNG 加气场站 5 座,3 座加气场站在建,另有多座加气场站正处于规划建设中,入股青岛昆仑能源有利于公司在加气站领域双百站战略的推进,并逐步解决公司同业竞争情形,对加快公司战略转型和未来收益具有重要意义,而且天然气终端市场潜力巨大,属于天然气转换为现金的最后一环,未来前景值得看好。

公司天然气清洁能源产业经历多年的储备后,目前已经拉开了大力拓展的转型序幕。公司还授权管理层通过产权挂牌、与行业龙头企业对接、借助第三方专业并购机构等方式,全面推进公司存量传统产业的对外战略合作。

3. 大举引进人才为公司转型提供有力支撑

公司 2014 年引进的人才主要是天然气专业人才,包括高端管理人才、技术人才和市场人才,尤其是聘任李广峰先生为公司副总经理,李广峰先生有多年的燃气行业任职经验,曾任新奥集团市场和销售中心总经理,入驻公司将对公司发展天然气全产业链大有好处,未来公司还将大力引进天然气运营人才和购并专家,丰富企业发展的人才库。

笔者认为,企业发展,人才先行,未来行业人才的大举引进将为公司战略转型提供有力支撑。

二、天然气业务悲观期已过,或迎来气价改革良机

如果要说2014年大宗商品价格波动幅度最大的品种,那石油肯定首当其中。布伦特原油从2014年年中最高113美元/桶下跌到最低49美元,下跌幅度高达57%。原油价格持续下跌,对产业链上的多个行业产生了冲击:原油暴跌,导致下游甲醇价格快速下滑,大部分煤制甲醇企业进入亏损状态;油价不断下跌,还导致天然气经济性能丧失,由于二者间彼此存在替代关系,因此下游部分工业用户选择改用石油,减少液化天然气现货的需求,使得市场的交易量创下近三年来新低。

1. 原油止跌企稳,气价改革的必要性

笔者认为国际油价在全球相对宽松的货币环境下,下跌的空间不大。国内天然气价格由国家管制,并未随油价下跌而下调,价格劣势导致下游需求受到抑制,因此当前油价见底,天然气行业的悲观预期逐步释放。

作为环保和清洁能源的天然气,有望迎来下一个高速发展期,刺激的因素可能是天然气价格改革和市场化的相关政策的出台。首先是天然气消费量持续快速增长,对外依存度持续攀升,雾霾治理又增加了天然气需求,因此天然气供需平衡压力日益增大,将倒逼天然气价格改革进程。其次,近期石油价格大幅度下跌,由于天然气与石油具有很强的替代性,天然气价格也相应调整,而且由于石油供需新格局的形成,今后价格大幅度上涨的预期比较小,因此对天然气改革的影响有限;

再次,目前天然气消费占一次能源结构比重较小,现在进行改革的影响显然比较小。此外,居民用气价格常常是价格改革最困难的环节,但是目前居民用气对调价的敏感度较小,一旦今后许多大城市居民采取天然气供热,这将使得居民天然气支出占收入比例大幅度提高,因此,如果目前不尽快进行居民天然气价格改革,届时改革困难度将更大。在天然气占能源结构比例和居民消费量较小的情况下,尽快进行价格机制改革可以减少改革的整体影响和阻力。

胜利股份作为 A 股市场转型天然气领域(包括管道运营和加气站)的稀缺标的,刺激因素一方面在于公司的"外延式扩张"进程加快(业绩的提升),另一方面来自增量气价的下调和天然气价格改革的逐步推进和市场化,"天然气的下一个高速发展周期"被市场逐渐认可(估值的提升)。

2. 政策力推天然气需求快速增长

天然气作为清洁能源,在一次能源中占比非常低(2012年仅为 4.73%),根据《天然气十二五规划》,到 2015 年达到 2300 亿立方米的消费量,我们认为很难完成。

中短期,由于国内天然气价格体系仍未理顺,在非市场化的作用下,天然气价格的上调和油价的大幅下跌带来了天然气下游分销行业的需求受到抑制,也正是这样的机遇才给"兼并收购"和"行业整合"提供了最好的时间窗口。

中央财经领导小组会议曾多次强调,能源从消费到供应等各方面都需要重大变革。从能源消费方面来看,我国的消费总量从 2000 年不足 14 亿吨标准煤,猛涨到 2013 年的 37.5

亿吨标准煤。按照这种趋势,未来我国的能源消费量将难以想象。同时,我国的能源结构仍然以煤炭为主,这既不符合国际上近年来多元、低碳的发展趋势,也让我们的环境付出了沉重代价,能源消费革命就是要改变这种现状。能源供给革命则主要针对我国能源结构以煤炭为主的现状而言,其核心是建立多元化的能源供应体系,降低对煤炭的过度依赖,使能源结构向清洁、低碳方向发展。

目前,煤炭在我国能源供给结构中占比超过六成,同时,我国是世界第二大石油消费国,但天然气、核能、新能源等在能源供给中占比太低,还有很大的提升空间。

2014年11月,国务院办公厅印发的《能源发展战略行动计划(2014–2020年)》提出,2020年天然气"消费双倍增"的目标,其一,2020年天然气消费量要比2015年翻一番,2015年天然气消费量在2000亿立方米左右,到2020年大概4100亿立方米(年化增速15%,超过十二五的平均水平);其二,2020年天然气在一次能源消费中的比重比2015年翻一番,2015年天然气在一次能源消费中的比重大概在6%,到2020年能够达到12%左右。放眼长期,在环保和能源清洁化的发展方向上,我们认为天然气将会有下一轮的高速发展周期。

3. 短期天然气需求有望复苏

目前国内采用建立天然气中心市场门站价格与可替代能源的价格挂钩机制,即门站价与前一年的可替代能源(燃料油、液化气)价格的加权平均值的90%来确定。原油价格自2014年6月开始出现明显降幅,布伦特原油从2014年年中的最高 113 美元/桶下跌到最低 49 美元,下跌幅度高达 57%。由于燃料油和液化石油气价格与原油价格息息相关,原油价格下降必然导致燃料油和液化石油气价格的下滑。我国非居民用天然气增量气价格的定价与可替代能源价格是挂钩的,笔者预计增量气价短期将可能呈现下行趋势,将带动国内天然气需求量的触底回升。

4. 刺激清洁能源需求,气价改革势在必行

目前来看,天然气十二五规划很难完成,在雾霾恶化和环保的压力下,天然气十三五翻番的目标需要更强有力的政策来推动,气价改革势在必行。

2013 年 6 月份,国家发改委发布《国家发展改革委员会关于调整天然气价格的通知》,明确了天然气价格调整的基本思路和适用范围,并将天然气价格管理由出厂环节调节转移至门站环节,通过将管道天然气价格与替代能源(燃料油和液化石油气)价格挂钩,实行政府指导的最高上限价格管理,推行"存量气+增量气"门站价调整方案。紧随其后,发改委决定调整非居民用天然气价格,并对天然气进行区分,分为存量气和增量气。其中,存量气在此轮调价中上调了 0.4 元/立方米,而增量气则一步到位,与国际市场接轨。这被业界普遍认为是价改的"第一步"。

2014 年 8 月份,国家发改委下发通知,从 9 月 1 日起,非居民用存量天然气门站价格将上调 0.4 元/立方米,居民用气门站价格不做调整。同时明确了将进一步放开进口液化天然气气源价格和页岩气、煤层气、煤制气出厂价格政策。这也是天然气价格改革的"第二步"。

2014年底,国务院下发《关于创新重点领域投融资机制鼓励社会投资的指导意见》中,明确鼓励社会资本参与油气管网、储存设施和煤炭储运建设运营。支持民营企业、地方国有企业等参股建设油气管网主干线、沿海液化天然气(LNG)接收站、地下储气库、城市配气管网和城市储气设施,控股建设油气管网支线、原油和成品油商业储备库。鼓励社会资本参与铁路运煤干线和煤炭储配体系建设。国家规划确定的石化基地炼化一体化项目向社会资本开放。同时,《指导意见》要求进一步推进天然气价格改革,2015年实现存量气和增量气价格并轨。

2015年2月10日召开的中央财经领导小组第九次会议上,习近平总书记再次指出,保障能源安全,要明确责任、狠抓落实、抓出成效,密切跟踪当前国际能源市场出现的新情况新变化,趋利避害,加快完善石油战略储备制度,推进能源价格、石油天然气体制等改革,大力发展非常规能源。党和国家领导人多次在不同场合强调能源改革,说明国家层面急需通过改革来释放红利,因此,笔者判断我国的能源价格将会在2015年迎来重大改革。

另外,我国自2007年成为天然气净进口国以来,2013年进口量已经超过500亿立方米,对外依存度升至31.6%,可以预见天然气对外依存度还将不断提高。过去的天然气定价机制采取行政定价为主的成本加成法,无法反映资源的稀缺性,从而正确传导价格信号和配置资源。

因此,笔者预计2015年我国将进行存量气、增量气价格并轨,把非居民用气与替代能源的价格基本理顺,天然气门站价格进入市场化定价。

三、公司2015年转型速度有望加快

根据公司2014年的半年报显示,虽然公司实现归属母公司净利润1342万元,同比增长273.74%,但是在扣除非经常性损益的净利润后却大幅下降9695.87%,在此情况下,公司将加快战略转型,逐步剥离高耗能、低效能的现有资产,积极实现产业结构升级,打造新的盈利能力。

1. 成立并购基金为自身外延式扩张提供项目和资金支持

胜利股份在2015年1月曾发布公告称,拟与东证融成资本管理有限公司、山东璟森新能源科技有限公司,共同发起设立为公司清洁能源产业整合服务的并购基金管理公司。该基金管理公司东证融成占51%股份,胜利股份占35%股份,璟森科技占14%股份。

新年伊始成立并购基金,可以看作是公司加快转型的重要举措,这一方面为公司的外延式扩张提供了标的的选择,另一方面解决了部分并购资金的来源。笔者认为,公司很可能以各种融资、合作的模式,来加速自身外延式扩张的速度。

基金管理公司作为并购基金的管理平台,担任所设立投资并购基金的普通合伙人及执行事务合伙人。投资并购基金未来规划募集资金总规模5~10亿元,具体根据收购标的情况结合投资进度分期实施。投资基金是专门服务于胜利股份的核心业务及扩展业务,投资方向为天然气等清洁能源相关行

业,具体投资标的为胜利股份未来拟通过现金或发行股份购买资产并购的标的。

目前公司已成立三个专业并购部门,公司还在充分利用社会专业资源。例如此次合作的东北证券等战略伙伴,拥有专业的投资经验、丰富的并购渠道和资金实力,这既能为上市公司提供项目支持与资金支持,也为并购基金提供了项目退出平台,实现了各方多赢。另外,此次合作具有放大公司的投资能力,加快转型聚焦核心产业,提升公司在清洁行业内的行业地位,实现公司持续成长和价值提升。

2. 整合天然气资产,理顺股权关系

公司的大股东胜利投资的股东以高管团队为主,实际控制人是董事长王鹏,所以作为民营企业体制比较灵活。以往由于大股东胜利投资持有上市公司股权比例太低,仅为9.23%,增发、外延式扩张等资本运作很难进行,而2014年4月,公司通过定增把大股东胜利投资旗下的昆仑利用、青岛润昊等燃气相关资产注入上市公司,同时现金认购1亿人民币,把持股比例从9.23%提高到15.14%,切实增强了对上市公司的控制权。笔者认为,公司未来仍然有通过注入资产或是现金增持的方式提高持股比例,大股东持股比例提高到25–30%是比较合理的水平。

四、重点布局终端加气站,胜利股份将收获高利润

不少上市公司之所以进入天然气行业,主要是看重其发展前景和利润情况,不过由于大多数公司本身的传统业务与天然气行业的关联程度较远,所以这些公司多以收购或入股

涨价等于涨停

的方式,进入天然气行业,而且进入的领域多集中在下游板块,尤其是天然气加气站。胜利股份也是如此,公司最近几年多次入股或收购多家天然气业务的公司,重点选择一些具有在当地从事加气站、城市燃气经营资质的公司,既省去了上市公司的审批环节和市场投入环节,又能快速收获利润。对于未来到底能对公司贡献多大利润,笔者暂时还未能估算出准确的数字,但笔者在研究了市场上同样入驻天然气业务的公司以后,认为胜利股份的天然气业务市场预期良好。

1. 华人首富进入天然气市场带来的示范效应

2010年,李嘉诚长子李泽钜亲自操盘,买下了英国电网业务,控制了英国四分之一的电力市场和10%的天然气业务,2年以后的2012年,李泽钜再次出手抄底,以77.53亿港元拍板收购英国天然气供应商WWU,WWU是英国八大配气网络之一,在威尔士和英格兰西南部占有主要市场,从事管理天然气运输资产、天然气运输和气表服务的相关工作,网络覆盖六分之一英国土地面积,涵盖740万名客户,这次收购意味着,英国四分之一的人口将使用李家的天然气。因之前还收购了英国电网和供水网络两大业务,英国媒体称李泽钜"几乎买下了英国"。

由于天然气正在成为新的投资天堂,李泽钜以此为契机,开始加速扩张抄底欧洲。数据显示,欧盟成员国普遍依赖俄罗斯的天然气,欧盟对俄罗斯天然气需求量的平均水平为31%,其中保加利亚、斯洛文尼亚和芬兰几乎完全依赖俄罗斯的天然气供应,匈牙利为70%,希腊和德国占其需求总量的比重分别为 54% 和 39%。

此外,许多欧盟国家的能源自给率几乎为零或不足 1%,法国的天然气自给量只有 1%,英国为 53%,只有荷兰和丹麦能做到天然气自给自足。欧盟的天然气供给量不足,全球其他国家的情况也大多如此。

除了在欧洲抄底,李嘉诚家族的目光还投向了澳大利亚。2014 年 8 月,李嘉诚旗下长建(01038)牵头财团最终赢下了澳洲天然气分销商 Envestra 的争夺战,同样竞逐 Envestra 的股东 APA 集团决定将所持的 Envestra 的 33% 股权悉数出售予长建财团。

李嘉诚家族的一举一动都会引起媒体和老百姓的高度关注,从其抛售几处物业,到卖掉屈臣氏的部分股权,再到后来收购多个国家的天然气公司等等,投资家向来有独特的视野和眼光,每一次都引起非同寻常的关注,此次华人首富家族在最近 5 年内频频收购全球多国的天然气项目,或许天然气将成为全球经济战略投资新亮点。

2. 光正集团建设和收购加气站的比对效应

从光正集团 2014 年半年报可以看出,公司天然气销售业务的毛利率水平在 55%,虽然该项业务营收占比为 16%,但是利润占比却高达 50%。

光正集团自 2013 年年初通过收购和增资的方式控股庆源管输,并以光正燃气作为整合平台,积极开拓新疆天然气市场,在保证气源的基础上,加大加气站建设力度。

2014 年 8 月光正集团又以 1.5 亿元收购巴州伟博 51%

涨价等于涨停

的股权,同时以 2500 万元收购托克逊鑫天山 100% 的股权。巴州伟博及其原控股股东已通过中石油方面取得每年 3 亿方的天然气额度,在巴州境内拥有 1 座日处理能力为 23 万方的天然气母站,在高速公路沿线拥有 8 座 CNG（压缩天然气）-LNG（液化天然气）加气站的许可及所有权,目前已经全部正式运行。由于高速公路属于不可复制资源,一定距离内高速公路只容许建设一定数量的加气站,过密或过散都不可取,因此公司提前布局高速公路的加气站实是明智之举。截至此次收购,光正集团控股的在建及建成站数量已超 50 座。

而 2014 年光正集团半年报,天然气业务营收已经达到 5995.77 万元,净利润 3448.89 万元,如果再加上下半年建设的加气站逐步贡献利润,公司业绩将实现扭亏为盈。

光正集团通过兼并收购等方式,加大布局天然气全产业链,尤其是终端产业的模式,对胜利股份现在的收购行为具有很强的指向性,虽然在 2014 年半年报中胜利股份天然气业务占比较低,但是公司已经开始着手开始自建和收购加气站等业务,根据 2014 年的半年报显示,公司已累计获得燃气主管部门批复的车用天然气子站指标超过 60 个、母站 5 个,另有近 60 个正处于审批阶段；同时公司通过对各地市加油站、加气站及管网管线企业的摸底跟进,确定了收购标的数十个,相关工作正在极推进中,自 2014 年二季度起,公司储备的天然气项目开始批次建设,下半年项目陆续进入运营阶段。

预计在 2015 年底胜利股份有望实现双百加气站和 10 个县级燃气的特许经营权,以此测算双百加气站、10 个县级特许经营权，外加5个加气母站，分别可以贡献利润1亿至1.5亿元、2亿元、0.5亿元，预计公司2016年将实现超过3.5亿至4亿元的净利润，彻底实现天然气分销领域的转型，将会极大提升公司在天然气销售业务的利润水平。

同时，国内气价改革带来的天然气价格不断上调，抑制了天然气的需求，县级燃气运营商以及加气站资产的拥有方对未来燃气分销领域的增速相对悲观，以10倍PE卖给上市公司的吸引力大幅增强，因此为公司赢得了外延式扩张的时间窗口。中长期来看，环保和能源清洁化方向依旧，天然气将会有新一轮的高速发展周期。

综上所述，胜利股份已经转型天然气全产业链大约4年时间，前期投入的成本将在最近两年得到业绩回报，尤其是公司涉足天然气加气站业务，毛利水平高，将会在2015年陆续释放利润，公司股价有望提前反应，因此给予买入评级。

上海罗曼照明科技股份有限公司
Shanghai Luoman lighting Technologies Inc.

证券代码：430662
证券简称：罗曼股份

　　上海罗曼照明科技股份有限公司（证券代码：430662，证券简称：罗曼股份）成立于1999年，是国内知名的城市景观照明整体方案提供商，主要从事城市及区域性景观照明的整体规划和设计、施工及专业照明、节能改造项目的实施。十五年来，公司坚持"创新驱动、转型发展"的战略道路，通过资本平台加快公司扩张，进一步探索商业模式上的升级，实现了从服务商到运营商的转变，成为景观照明细分行业的领先者。

　　上海罗曼照明科技股份有限公司是上海市首家拥有住建部颁发的"城市及道路照明工程专业承包壹级"施工资质的企业，并被认定为高新技术企业，设立了"院士专家工作站"、上海理工大学"大学生实习基地"。下属控股子公司上海东方罗曼景观设计有限公司是上海市首届城市景观灯光行业委员会主任单位，拥有"照明工程设计专项乙级资质"。公司主营业务收入已连续五年保持每年50%以上的增长，经营规模和实力进一步壮大，先后荣获"上海市创先争优先进基层党组织"、"党建工作示范点"、"上海市著名商标"等称号，连续多年被评为"上海市文明单位"、"守合同重信用3A企业"。2014年3月5日，公司成功地在全国中小企业股份转让系统挂牌交易；2015年2月17日，公司成功跻身于全国中小企业股份转让系统做市企业。

　　展望未来，上海罗曼照明科技股份有限公司将继续探索转型发展之路，在做精做细的同时更要做大做强。我们将继续推广绿色、低碳的发展理念，以客户为中心，通过合同能源管理的形式参与更多的节能改造，服务于中国城市的智慧照明系统，实现双赢、共赢。

挂牌仪式　　　　　　　　　韩正视察罗曼　　　　　　　　诸葛宇杰视察罗曼　　　　　　蒋以任、陈启宗调研罗曼

地址：上海市秦皇岛路32号G楼　　电话：021—6503 1217　　传真：021—6515 0619　　邮箱：shlm@shluoman.cn　　网址：www.shluoman.cn

·首创股份受益产品调价 利润增长可期·

新闻源头

发改委、财政部、住建部三部门2015年1月26日联合下发《关于制定和调整污水处理收费标准等有关问题的通知》(下称"通知"),这是中国首部对全国污水处理费征收标准作出明确说明的文件。根据《通知》,预计中国80%以上的大中城市将迎来新一轮的水价上涨。在此之前的1月6日,财政部已经发布《污水处理费征收使用管理办法》,这也是中央政府首次对污水处理费的征收使用做出的明确规定。

《通知》要求,收费标准要补偿污水处理和污泥处置设施

涨价等于涨停

的运营成本并合理盈利。2016年底前,设市城市污水处理收费标准原则上每吨应调整至居民不低于0.95元,非居民不低于1.4元;县城、重点建制镇原则上每吨应调整至居民不低于0.85元,非居民不低于1.2元。已经达到最低收费标准但尚未补偿成本并合理盈利的,应当结合污染防治形势等进一步提高污水处理收费标准。未征收污水处理费的市、县和重点建制镇,最迟应于2015年底前开征,并在3年内建成污水处理厂投入运行。

统计数据显示,目前中国32个大中城市中,居民污水处理费均价为0.81元/吨,只有北京、上海、南京、重庆、昆明等少数城市高于《通知》的0.95元/吨标准,80%的大中城市居民污水处理费需要提高。同时,除北京、上海、南京外,近90%的大中城市非居民污水处理费未达到《通知》中1.4元/吨的最低标准。

小左解读

对于人来说,水是仅次于氧气的重要物质,但是目前我国的水处理公司盈利普遍不高,因为这些企业多有政府背景,需要更多承担公益责任,水的价格并不真正能体现出应该有的价值,也正是这个原因,我国的水资源浪费是比较惊人的。但是随着水资源越来越少,水的价值愈发凸显出来,政府层面上已经多次推动水价上调,首创股份作为立足北京,辐射全国多个地区的综合型环境服务商,在全国16个省、市和自治区参控股水务项目，水处理能力达1500万吨/日，因此水价的上调，对于首创股份这样的龙头型综合企业来说，受益是非常大的。

全面解析

一、背靠大股东　树下好乘凉

资本市场上经常会有"妈优股"的说法，"妈优股"其实指的是上市公司的实际控制人，亦即所谓的上市公司的大股东或者母公司，具有盈利能力较强的优质资产，这些优质资产可能在今后被"装进"上市公司，从而提升上市公司的资产质量和盈利能力的那些上市公司。

1. 大股东的客观优势和公司的内生动力

首创股份的大股东首创集团，是北京市国资委所属的大型国有集团公司，经过多年的发展，集团已经构建起水务环保、基础设施、房地产和金融服务四大核心主业，并发展成为资产千亿、布局全国、拥有多家上市公司的综合型企业，竞争优势比较鲜明。

首创股份是由首创集团控股的上市企业，主营业务是基础设施的投资和运营管理，公司最初的业务集中在城市供水和污水处理两大领域，近几年开始开拓固废处理等大环保产业链和互联网领域。截至目前，公司已经先后在国内近40个城市建立了独资和合资水厂，控股和参股的水务项目总投资达100多亿元。首创股份拥有近百座供水和污水处理厂，设计日处理水能力近1410万吨,服务人口超3000万人,初步完成了对国内重点城市的战略布局,其综合实力位居国内水务行业前列。

2. 进军固废处理,做大环保产业

近年来,首创股份努力实现由水务投资型企业向经营型企业转变,由单纯水务公司向环保企业转型,加快推进水务的工程设计、建设、管理服务以及固废处理等领域的市场开拓。

2011年,公司旗下子公司成功收购香港上市公司新环保能源公司,成为其单一最大股东,新环保能源是从事固废处理业务的公司,此项收购有助于公司快速进入固废处理领域,将垃圾收集、分选,到焚烧发电或厌氧发电,再到残渣处理一揽子解决方案等新能源业务尽收囊中。

3. 涉足互联网,打造综合服务商

除了传统意义上的水务和污废处理业务,公司近两年还力求创新,计划通过建设互联网金融平台,探索水务行业的金融创新模式,打造综合环境服务商。

公司传统业务一直集中在环保领域,如果没有足够的后台实力做支撑,想要在新兴的互联网领域有所发展,恐怕有很大难处,但是公司背靠大股东多面开花的业务,有足够的底气可以在新的领域实现突破。公司全资子公司水星投资同控股股东首创集团以及集团下属多家公司,共同成立北京首创金融资产交易信息服务股份有限公司,新成立公司的经营范围拟为金融信息服务、项目投资、企业管理咨询、技术开发、软件开发、产品设计、市场营销等。

首创股份未来将以水务为主体,根植于中国环境产业领域,努力打造成为具有世界影响力的国内领先的城市环境综合服务商。

4. 主观的人物优势

熟悉首创股份背景的投资者,都知道公司大股东首创集团和它的董事长刘晓光。刘晓光领导下的北京首创集团业务涉及基础设施、房地产、金融等六大领域,旗下拥有境内外上市公司 6 家、基金 2 家以及多家与国际著名跨国公司组建的中外合资公司,首创集团在全国企业 500 强中排名第 220 位,总资产及净利润分别排第 75 位和第 51 位,首创集团能够取得现在的成就,跟它的董事长刘晓光有着密不可分的关系。

1995 年,刘晓光被组织派进北京首创集团,参与一个烂摊子的集团重组,重组之初,一无周转资金,二无盈利产品,三无核心产业,账面现金加起来才有约一亿人民币,但是刘晓光却凭借过人的智慧与胆识,充分利用自身的资源优势,收缩战线,主攻自己熟悉的领域,将原来散乱而庞大的 40 多个产业,梳理为金融、地产、基础设施、科技、贸易、旅游酒店等六大行业,主业轮廓逐渐凸显,1995 年到 2000 年的五年时间,首创集团的利润就增长了 22 倍。

善用金融、资本的刘晓光还在探索国企的体制内创新,首创集团旗下的首创证券、首创股份、首创置业相继成立或上市,成为引领该集团基础设施产业、房地产业和金融服务业三大核心主业创新发展的"三剑客"。俗话说家有一老,如有一宝,20 多年与企业一起共度风风雨雨,刘晓光成为这个企业最大的财富。

5. 国企改革存想象空间

首创股份大股东首创集团作为北京市大型国企之一,在国企改革中承担了重要的一份力量。2014年以来,公司在改革方面已经是动作频频:首先,集团管理层有所调整,对公司的考核机制也有所调整,使其更加市场化,更注重公司资产效率和公司业绩增速;另一方面,虽然北京市国企改革的具体方案和试点仍未确定,但北京作为首都+直辖市的特殊地位,未来肯定在全国的国企改革中走在前列。

首创集团作为北京市国资委旗下企业,有望在国企改革中充当开路先锋。国有体制和激励机制一向是制约公司成长和利润释放的核心因素,未来这两方面一旦得到改善,将有助于公司业绩和估值的双重提升。

二、并购供水业务　做大做强主业

我国水务行业目前高度分散,且非市场化度很高。拿水务资产规模最大的北控水务为例,市场占比仅为4%,首创股份占比约3%。我国水务行业经过十几年加速建设期,未来将逐渐进入整合期,行业集中度获得提升。

这一趋势,也在政策层面得到了加强,在国有企业改革、地方财政困难、提标改造资金需求加大、水务资产运营效率有待提升、新政府强调加强监管从运营主体中退出等一系列背景下,政府都在鼓励水务市场的市场化运作和集中度提升——无论是财政部推行的PPP模式,还是发改委推行的第三方治理都是很好的说明。因此,在这一市场化趋势下,必然伴随有能力的水务龙头公司市场集中度的提升。

1. 国内水务合作如火如荼

我国污水处理行业大部分为中小企业,从区域上来看,污水处理行业仍存在较强的地域性,市场集中度并不高,行业主要竞争者是具有污水处理业务的大型国有水务集团、外资水务集团等,其中国有水务集团以首创股份、北控水务、创业环保为代表,外资水务集团以法国威立雅、苏伊士公司为代表。

单从污水处理行业来看,单纯做污水处理的企业规模均偏小,行业内缺乏大型企业,因此做大做强环保产业、逐步提高产业集中度,也是我国经济发展的需要,首创股份作为国内水务处理行业的龙头之一,有望在兼并收购方面充当领头的角色。

首创股份发展方向定位于中国水务市场,专注于城市供水和污水处理两大领域,主要业务涵盖城市自来水生产、供水、排水等各个生产和供给领域,我们都知道,一个地方的供水系统往往具有较强的地方垄断性质,首创股份除了占据北京的供水市场外,还以参股的形式入驻各地的水务市场。

首创股份拥有雄厚的资金实力,为其持续扩张提供了资金保障及其低廉的资金成本、丰富的运营经验、领先的技术水平,这有望使其提升被并购项目的盈利能力,从而使公司具备持续扩张能力。

涨价等于涨停

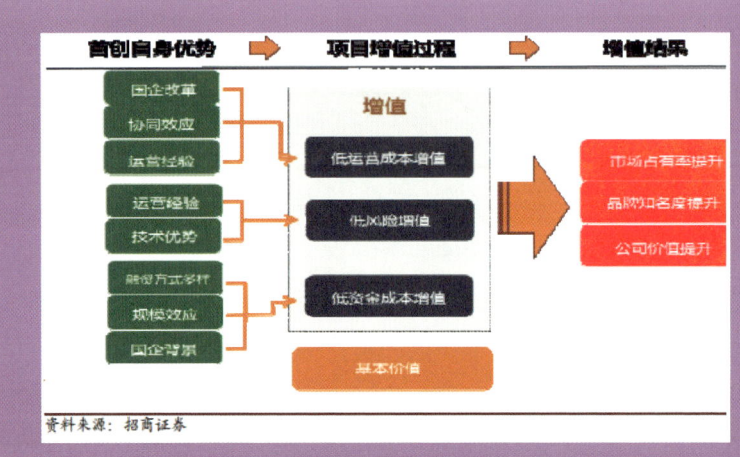

首创股份对水务项目"点石成金"的能力

公司经过多年的发展,已经初步完成了对国内重点城市的战略布局,参股控股的水务项目遍及国内16个省区和40个城市,包含北京、天津及湖南、山西、安徽等地的多个城市,水处理能力达1500万吨/日。

公司此前定向增发的资金也主要用于水务环保项目,其中污水处理类项目总投资7.55亿元,新增产能31万吨/天,提标改造25万吨/天,新增项目规模主要在2~5万吨/天,业务区域集中在三四线城镇,有些为乡镇污水处理厂;供水类项目总投资8.93亿元,新建产能38万吨/天,改扩建产能40万吨/天;垃圾处理项目总投资1.2亿元,设计产能600吨/天,主要为填埋及渗滤液处理。从公司对外投资公告统计,2014年以来公司新增产能100多万吨/日,随着各地水务市场改革的推进,公司产能扩张速度有望加速。公司手握水务运营资产的资源,在后续的提标改造、污泥处置、再生水等业务中具有当仁不让的先发优势。

2. 中外水务合作前景广阔

2015年1月21日,中国国务院总理李克强在达沃斯论坛开幕式上发表主题为"中国经济转型的全球影响"的演讲时,曾提到了2015年我国已经确定了包括中西部铁路、水利工程、各类棚户区和城乡危房改造等作为重点投资领域,政府在加大财政投入的同时,不再唱独角戏,而是通过深化投融资改革,打破垄断,吸引社会资金与外资参与,采取政府和民营企业合作、中外合作、政府购买服务等方式来放大投资的效益。

总理还特别举了一个污水处理领域的案例,我国西部某个省区建设的一家污水处理厂,成功地吸收了德国的一家水务公司,其中德方的股比占到70%。笔者认为总理在达沃斯论坛上的讲话,至少透露出两个重量级的信息:

1.2015年水利投资将成今年政府的重点投资领域。

2014年11月,国务院总理李克强在水利部考察并主持召开座谈会,强调要集中力量建设重大水利工程,像推进棚户区改造、中西部铁路建设一样,水利工程是群众急需、迟早要干的事,是政府应提供的重要公共产品,要利用原材料成本相对较低的时机,加快建设关系全局、具有较强辐射带动作用的172项重大水利工程。同时他指出,水利工程建设不能光靠政府,还要发挥市场的作用,创新投融资体制机制,推进PPP(公私合作)、BOT(建设-经营-转交)、TOT(转让经营权)等投融资模式,更多调动社会资金的力量。仅在2014年11月份,在重要会议和国务院下发文件中,"水利"二字接连数次被提及,透露出水利建设未来的发展信号。

与此同时,放宽政策、鼓励民间资本进入的呼声也日益增多,吸引民资参与重大水利建设项目,将是2015年乃至"十三五"期间水利发展的一条重要思路。

其实,我们可以反过来想一下,如果水利领域的发展前景不好,总理为何还会在达沃斯论坛上邀请外资加入,加强中外合作呢?外资不是傻瓜,他们不会主动来到中国做救世主,做赔钱的买卖。

因此笔者认为,2015年各方资金将会更多投向我国的水利项目建设,首创股份作为水务细分领域的龙头之一,对大环境的敏感度是比较高的。

2. 水务合作中外方控股比例进一步增强

2004年7月,国务院出台《关于投资体制改革的决定》明确表示,放宽社会资本的投资领域,允许社会资本进入法律法规未禁入的基础设施、公用事业及其他行业和领域,鼓励和引导社会资本以独资、合资、合作、联营、项目融资等方式参与经营性的公用事业、基础设施项目建设。由此,威立雅和中法水务等外资水务企业,抛开中国本土水务企业,展开了"水股"争夺赛。

其实早在2002年后,外商已经相继在深圳、遵义、昆明、兰州、海口、扬州、天津等地进行大规模的溢价收购行动,2007年达到顶点。期间,威立雅拿下了贵州遵义、内蒙古呼和浩特、陕西渭南、河北邯郸、云南昆明等十数个城市的水务合同；中法水务也不甘示弱,处处与威立雅竞争。2007年1月,威立雅以17.1亿元的投资承诺收购兰州供水集团净资产45%的股份,远远超出同时竞标的中法水务和首创股份的报价；6月,威立雅以9.5亿元报价再次击败中法水务和首创股份,获得海口水务集团50%的股权,这一报价为竞标第二高报价4.4亿元的两倍多；2个月后的8月18日,中法水务"扬眉吐气",以8.95亿元的高额报价将扬州自来水引资项目拿下,击败威立雅；威立雅"怒发冲冠",4天之后,以21.8亿元拿下天津自来水厂49%的股权,排名第二的中法水务报价为11.9亿元。

在一轮轮收购赛中,国内上海、天津、扬州等数十个大中型城市的水务,被以威立雅和中法水务为代表的外资水务企业收入"囊中"。截至2009年,全国超过80%的地级城市有非国有资本进入供水市场,约26%的城市有外资进入。外资企业带来了一些先进的技术,比如防止网管水渗漏、废水资源再利用(回收污水中富含有机物与矿物质的处理)、节能减排等技术。更深层的含义是,外资水务对中国水务及环境服务行业的觉醒与发展,带来了深远影响。

外资入驻推进了中国城市水务行业市场化步伐,从早期的利用国际金融机构贷款和外国政府贷款的项目融资,到外商以合资经营等形式的直接投资,再到引入国内私人资本、利用国内资本市场筹资等形式,城市供水投资主体多元化的格局已初步形成,这将有利于我国水务产业今后的发展。未来,中外合资将会进一步做大做强我国水务市场这块大蛋糕。

三、开辟新领域,强势进入农村水务市场

除了在城市供水和污水处理等传统领域继续深耕细作外,公司还在努力增加新的市场领域,从以往的城市水务业务,逐步扩张到农村水务市场。

1. 提高北京乡镇水务市场占有率

2014年初以来,公司陆续投资建设了北京市延庆县香营乡污水厂等八个乡镇污水项目及延庆平原区地表水供水工程、延庆葡萄产业带集中供水工程两个 TOT 供水项目。项目总投资不高于58182万元,其中污水项目投资1.07亿元,特许经营期为25年;供水项目投资不高于47500万元,特许经营期为30年。

目前,我国小的城镇污水厂发展趋势加快,此项投资将扩大公司在北京市水务市场的占有率和影响力,对后续深入拓展北京市及所属区县水务项目起到积极的促进作用,也将为公司获取乡镇打包项目积累经验,并拓展公司水务项目的投资模式。

2. 拓展全国农村市场占有率

2014年公司收购了苏州嘉净环保51%的股权,嘉净环保主营业务是对村镇分散污水处理成套设备的研发、制造、销售、安装、运营和维护,其建设的农村污水处理站点具有低能耗、无人值守、运行成本低的特点。目前嘉净环保的产品遍及全国10多个省份,300多个行政村,近2000个自然村。国内目前有3.5万多个乡镇、近70万行政村、450万个自然村,市场空间规模是以万亿元计。虽然首创股份在2014年才进入

乡镇水务市场，但公司董事长刘晓光不止一次提到，希望能率先在乡镇水务市场上打开产业链条。

首创股份目前是以"设计－建设－融资－经营（DBTO）"的方式进行，在这个价值链条中有四个环节可以考虑盈利，分别是设计、施工、设备以及后期运营。公司可通过销售设备以及工程安装回收成本，从而在一定程度上规避农村水务市场支付能力较低的风险。

四、拓展固废领域布局大环保平台

首创股份自成立以来，一直致力于推动水务等领域公用基础设施产业的市场化进程，公司的项目分布于全国16个省、市、自治区，共计40个城市，并在湖南、山东等地实现一定的地域优势，公司在2013年开始在湖南快速拓展垃圾处理业务，目前已有几个建成和在建的垃圾填埋、焚烧及综合处理的项目。

1. 布局固废新业务打造环保综合产业链

近几年来，首创股份积极布局固废处理业务，公司在2013年收购香港上市的新环保能源（后改名为首创环境），正式进入垃圾焚烧处理。首创环境是国内领先的综合废物处理方案和环保基础建设服务之供应商，业务遍布全国14个省市，目前在手项目的产能包括：生活垃圾6000多吨／日，餐厨垃圾1000多吨／日，拆解废旧家电260万／年，报废汽车5万台／年。未来公司本部和首创环境在固废业务上将积极合作，充分发挥境内外市场的优势，产生良好的协调效应。按照公司的发展规划，预计十二五末，公司形成固废处理能力1万吨／日。

涨价等于涨停

2. 拓展海外固废市场

2014年初首创集团中标收购了新西兰最大的固废处理公司 TranspacificNewZealand（TPINZ），收购对价9.5亿新西兰元，当年6月30日双方正式签约，成立首创新西兰环境治理有限公司。TPI集团新西兰垃圾公司(TPINZ)是新西兰垃圾处理领域的龙头企业，在新西兰市场占有率超过30%，市场份额位居第一，是新西兰仅有的两家业务贯穿垃圾处理的整个产业链、实现上下游协同效应的垃圾处理服务商，它的盈利来源于奥克兰、基督城及惠灵顿市周边地区市场；公司的垃圾收集业务贡献近51%的利润，其次分别为垃圾填埋、液体垃圾处理、回收利用。目前公司约有30万订单客户，拥有21个分支机构，业务覆盖新西兰20多个县市。根据公开资料显示，2013财年收入约3.69亿新元，净利润1.07亿新元。

五、环保产业政策密集出台，公用事业价格改革推进

国内的水务公司旗下大多是一家自来水公司和几家污水处理公司，用盈利能力相对较强的污水处理业务补贴自来水业务，这是国内水务企业普遍的盈利方式。因为自来水属于民生项目，具有很强的公益性，它的价格变化比较敏感，所以我国自来水价格变化幅度不太大，长期处于低位甚至亏损的水平，但污水处理领域并非公益事业，属于市场化运作的项目，首创股份作为国内污水处理领域的龙头，将受益该领域的价格改革。

1. 自来水提价的预期加强

中国水资源短缺和污染情况触目惊心，海水淡化、南水北

调都不能成为解决中国水资源问题的主流手段。目前来看,加大水再生回用是唯一途径,这也是政府未来的政策核心:从之前强调达标排放和污水处理能力建设,到强调以水资源价值体现为核心的"总量控制"。

这主要体现在两个方面:一是行政手段强制规定的用水指标,有了用水指标就有了"水权交易"市场,水价上涨成为必然趋势;二是面对高于用水指标的用水需求,必然促使污水再生回用,这也是唯一解决中国水资源短缺问题的途径。实际上,2014年出台的"水权交易"政策和尚未出台的"水十条"就是政府这一思路的最直接体现。

虽然自来水价格具有公益性,但不代表水价就会一成不变,当前我国的城市自来水价格并未完全反映出水的价值,我国政府也没有把水当作一个战略资源来对待。为了充分发挥水价在促进节约用水和提高用水效率中的作用,《中共中央、国务院关于加快水利改革发展的决定》明确提出要积极推进水价改革,工业和服务业用水要逐步实行超额累进加价制度,拉开高耗水行业与其他行业的水价差价,合理调整城市居民生活用水价格,稳步推行阶梯式水价制度,政府希望通过调节水价,进而形成良好的用水习惯。

2014年4月10日,世界银行与国务院发展研究中心公布联合撰写的《中国:推进高效、包容、可持续额的城镇化》报告:"按照国际标准,中国的水价仍偏低,就鼓励消费者提高用水效率而言仍有涨价空间。从长期看,我国的自来水价格、污水处理价格将呈上升趋势,不少地方甚至已经开始执行阶梯

涨价等于涨停

水价,2014年4月,北京市水价调整听证会在公司举行,与五年前一样,25位听证代表一致同意水价上涨方案,新一轮水费调整后,北京市水价分为3个等级:第一阶梯自来水费是2.07元,第二阶梯是4.07元,第三阶梯是6.07元,加上水资源费1.57元和污水处理费1.36元,三个阶梯的水价总计为5元、7元和9元,如果水价未来持续上调,公司控股的多家水务公司将最先受益。

首创股份的产能分布除了北京之外,则主要集中于中西部地区,这导致首创的平均折算水价仅0.55元/吨,远低于创业环保、兴蓉投资的1.44元/吨和1.41元/吨,更低于有当地政府支持的重庆水务平均3.2元/吨的水价。较低的水价导致首创虽然产能远大于竞争对手,但水务收入却低于兴蓉投资和重庆水务,总市值更是仅相当与兴蓉投资的86%和重庆水务的53%。在可比的A股公司中,公司的水价基本是最低的,因此公司产能所在区域的提价空间和预期也是最强的,未来首创股份将成为最大受益水价上调的公司。

2. 污水处理惩罚明确加强

2015年1月6日,财政部联合发改委、住建部发布了关于印发《污水处理费征收使用管理办法》的通知,根据《办法》,向城镇排水与污水处理设施排放污水、废水的单位和个人,应当缴纳污水处理费;向城镇排水与污水处理设施排放污水、废水并已缴纳污水处理费的,不再缴纳排污费;向城镇排水与污水处理设施排放的污水超过国家或者地方规定排放标准的,依法进行处罚。《办法》明确规定,严禁对企业违规减免或者缓征污水处理费,已经出台污水处理费减免或者缓征政策的,应当予以废止。

新《办法》明确,污水处理费率照覆盖污水处理设施正常运营和污泥处理处置成本,并合理盈利的原则制定,由县级以上地方价格、财政和排水主管部门提出意见,报同级人民政府批准后执行,《办法》首次将污泥处理处置成本纳入污水处理费率计量范围,预期我国的污水处理费用进入上升通道。此前2005年国家指定的污水处理费为0.8元/吨,该费率作为基数只反映了污水处理的成本,远远涵盖不了污泥安全处置的成本。根据中国水网2012年的调研数据显示,我国36个重点城市中,仍有13个城市的污水处理费低于0.8元/吨的定价原则。新《办法》明确将污泥处置纳入费率计价,我们预计国家制定的0.8元/吨的标准将有明显的上浮,各地污水处理费率也将逐步上调。

3. 新政不断出台加码保驾护航

2015年是环保政策密集出台之年。国家发改委起草的《环境污染第三方治理指导意见》,已经在2015年年初由国务院印发,该《意见》部署改革创新治污模式,吸引和扩大社会资本投入,促进环境服务业发展;1月6日多部委联合出台的《污水处理费征收使用管理办法》,于2015年3月1日起实行;《水污染防治行动计划》("水十条")目前已经进入报批程序(截止2015年2月底),很快就会出台,该计划的实施将带动2万亿的总投资,主要涉及的内容可能有:市政污水提标改造、工业污水提标、回用与零排放、水体修复和维护技术需求、供水

涨价等于涨停

安全设施、节水设施、防洪排涝、污泥处理等方面；另外，环境税、环境基金、土壤修复、"十三五"环保规划等也在积极讨论审议中。

从中期来看，临近"十二五"收官年份，前期政策的落实力度会加大，新的环保政策"组合拳"的力度会逐渐加大。而四中全会依法治国的总体思想，有利于环保行业加强监管力度，推动环保设施投资及正常运营，对于环保行业中长期的发展提供了有力支撑。

综上所述，擒贼先擒王，选股抓龙头，首创股份作为国内水处理龙头企业之一，将充分受益水价上涨。我国的水价长期被低估，目前已经到了不得不调、不得不涨的地步，而且政策面也在不断加码，力促水价上涨，在涨价的大背景之下，首创股份理所当然成为首选。

上海巨灵信息技术有限公司
Shanghai juling information technology co. Ltd.

股票代码:430316
巨灵简称:巨灵信息

　　上海巨灵信息技术有限公司,简称"巨灵信息"成立于2001年8月,注册资本500万(股票代码430316),是国家认定的高新技术企业、上海市认定的软件企业。

　　巨灵信息自成立以来一直致力于企业信息化应用软件的研发,是国内领先的独立软件开发商,系统集成商,物联网、移动互联网应用解决方案提供商。在物联网、移动互联网和大数据、云计算等几大领域都具有较强的开发能力。

　　其中物联网解决方案在工程机械、特种车辆等行业的应用处于领先地位,获得国家工信部颁发的无线电发射设备的型号核准证,2009年与中国电信战略合作,实现无线网络信号中国区域全覆盖,具备电信无线增值业务SP资质;2013年1月25日在上海市工商行政管理局办理工商登记整体变更设立为股份有限公司,并于2013年8月29日在全国中小企业股份转让系统成功挂牌。2014年通过CMMI三级认证。

上海民德路158号铭德国际广场7楼　　021-66972031 / 2033　　www.julinginfo.com

·光伏复苏带动辅料厂商 奥克股份业绩大涨可期·

新闻源头

光伏电站抢装带动切割液销售。根据媒体的消息称,从2013年开始我国的光伏行业开始有所回暖,虽然和前几年鼎盛时期相比仍有较大差距,但是行业复苏的趋势已经在形成当中,而且此次光伏复苏与上一次最大的区别就在于,本轮复苏更多的是依靠政策持续加码和行业成本持续下降来推动,多家研究机构新能源与光伏行业的研究员认为,从目前国内分布式发展方向来看,行业中期增长相对明确,预期本轮的复苏仍将持续。

受到光伏太阳能电站建设需求拉动,光伏辅料供应商奥克股份,自 2013 年 3 季度以来,晶硅切割液销售情况良好,该项业务的营收由 2013 年年中的 9305 万元增长到 2014 年中的 2.55 亿元,在公司主营业务收入中的占比不断增加,未来随着我国光伏电站抢装带动上游产品需求,切割液销售有望为业绩进一步改善作出贡献。

根据上述,分析师认为,奥克股份是细分市场龙头,目前在减水剂聚醚单体市场占有率达 40% 以上,在我国切割液市场的占有率高达 70% 以上,在光伏行业复苏阶段有望获得更高的利润。

小左解读

翻开奥克股份的财务报表,光伏业务的营收占比并不算高,但是对比过去两年的财务数据,你就能发现光伏业务贡献的收入占比是节节高升,最近两年多光伏行业持续复苏,公司生产的光伏电池用的晶硅切割液,市场占有率高,而且生产的原材料环氧乙烷完全自给自足,成本很低,这又是一个成本和终端都有优势的企业,在这一领域赚钱是相对容易、可控的。

全面解析

在对奥克股份进行详细分析以前,笔者先简单介绍一下奥克股份的产品业务范围,因为公司是化工企业,所属的产品跟投资者日常生活相距较远,投资者可能会比较陌生,所以笔者在此先简述一下公司的核心产品,以让读者能在后面的分析中,更好地了解公司的现状和未来发展。

奥克股份的核心产品主要涉及到光伏行业和混凝土外加剂行业,二者营收水平占公司总收入的90%,两个行业所对应的产品分别是聚醚单体产品和切割液产品,这两大产品都属于环氧乙烷衍生出的精细化工新材料。

聚醚单体主要通过环氧乙烷与其他单体聚合而成,目前国内主要有聚乙二醇单甲醚、烯丙基聚氧乙烯醚和甲基烯基聚氧乙烯醚三类,聚醚单体多用于建筑工业用的聚羧酸减水剂,是聚羧酸减水剂的主要原材料,而聚羧酸减水剂是一种高性能减水剂,是水泥混凝土运用中的一种水泥分散剂,该产品绿色环保,不易燃,不易爆,方便长距离运输,优势公司对此具有强大话语权。读者大致应该都知道,我国最近一年以来丝绸之路和长江经济带建设,对水泥的拉动效应,后面笔者会详细分析,在此只做简单介绍。

公司的另一大产品是切割液,主要是太阳能光伏行业的晶硅切割液,它是以聚乙二醇为主体,添加多种助剂复配而成,其中聚乙二醇也称聚乙二醇醚,是由环氧乙烷与水或乙二醇为原料通过逐步加成反应而生成,其原材料主要来源于石油制品,而环氧乙烷是乙烯的下游产品,与乙烯具有强烈的共生性。过去多年乙烯资源的稀缺,一直是制约环氧乙烷产业发展的瓶颈。晶硅切割液作为目前光伏产业链上硅片制作环节使用的必需耗材之一,与整个晶硅切割液行业的发展和晶硅切片行业的发展,乃至与整个光伏产业的发展均关系密切。因此最近两年,太阳能光伏电站建设,带动了上游电池行业的发展,有利于晶硅生产、晶硅切片及晶硅切割液行业的发展。

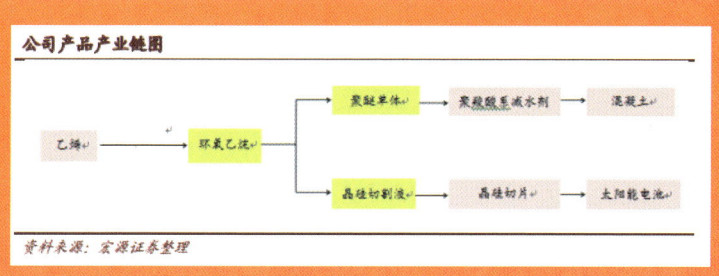

从上面的图形中,我们可以很直观地了解到,公司的大量核心产品所使用的原材料,都跟环氧乙烷有关,因此笔者在下文的分析中就以环氧乙烷作为切入点进行分析:

一、建设环氧乙烷基地,降低核心产品成本

从公司的财务报表中,我们并没有看到环氧乙烷的数据,但是这个产品又一直存在于公司的各个公告当中,笔者查阅了相关资料,了解到公司生产的环氧乙烷基本不用于外销,因为其易燃易爆,不易长途运输,具有强烈的地域性,必须就近使用,所以奥克股份所生产的环氧乙烷主要用于旗下核心产品聚醚单体和晶硅切割液的生产原料,公司也希望以布局环氧乙烷的生产线为契机,建设全产业链。

过去几年公司一直在建设布局环氧乙烷生产基地,形成了行业内不可复制的独占优势,这为公司未来产能释放和产品线延伸打下了坚实基础,比较典型的例子就是,公司扬州环氧乙烷与二氧化碳衍生低碳精细化工新材料项目已经试投产,该项目将进一步强化公司在环氧乙烷精深加工领域的全产业链竞争优势。

1. 环氧乙烷自给自足自供,增强生产稳定性。

环氧乙烷的化学性质要求其必须就近使用,因此新建的环氧乙烷装臵已配套好下游精细衍生品生产装臵。

奥克股份在扬州工业园投资建设"环氧乙烷与二氧化碳衍生的低碳精细化工新材料项目",一期项目包括年产20万吨环氧乙烷项目,年产12万吨聚乙二醇、10万吨聚羧酸减水剂聚醚和8万吨脂肪醇醚,计划投资总额为16.8亿元,项目建设期28个月,该项目自2011年全面启动,其中"年产20万吨环氧乙烷项目"已经完成,并于2014年12月份进行试生产。同时,扬州奥克年产30万吨的碳环氧衍生精细化工新材料项目,和武汉奥克年产12万吨的环氧衍生精细化工新材料项目,也已经建成投产运行。

这些项目的投产,除了大力推动公司产业链全面发展以外,最明显的就是大幅降低了下游产品的原料成本,例如公司扬州的20万吨环氧乙烷建成投产,全部用于下游产品制造,相比于向外界采购原材料,单单环氧乙烷成本单吨就可以下降600元左右,折合EPS0.3元,这能够极大提升公司的业绩水平。

对于奥克集团而言,公司既有强大的环氧乙烷产能,又有下游聚醚单体和切割液需求端,虽然近年来国内环氧乙烷产能不断提升,但从近一年的价格走势来看,环氧乙烷的价格并没有因产能扩张而大幅下滑,基本维持在相对稳定的区间。未来奥克股份凭借自己的技术优势,推动环氧乙烷产品往精细化精加工发展,从而实现盈利提升。

2. 国内环氧乙烷产能阶段过剩凸显公司优势

环氧乙烷是一种有机化合物,是有毒的致癌物质,以前被用来制造杀菌剂,在化工相关产业可作为清洁剂的起始剂,它还被广泛地应用于洗涤、制药、印染等行业。环氧乙烷易燃易爆,不易长途运输,因此有强烈的地域性。

环氧乙烷是乙烯的下游产品,与乙烯具有强烈的共生性。以前乙烯资源的稀缺,一直是制约环氧乙烷产业发展的瓶颈,因为国内的乙烯工业门槛较高,拿不到乙烯资源,也就谈不上涉足环氧乙烷项目。

2006年以前,我国的环氧乙烷生产基本掌握在中石油、中石化手中,产能不大、价格高企,环氧乙烷曾长期是市场上的紧俏货。不过,近年随着乙烯原料多元化的逐步实现,这一瓶颈渐渐被打破,更多的生产主体得以进入环氧乙烷生产领域,民营企业的市场份额也在迅速增长,2014年已达45.3%,市场主体的增加也迅速降低了环氧乙烷的价格,国内环氧乙烷的均价从2013年的12600元/吨跌至2015年2月份的7000元/吨,跌幅高达44%;过多的民营企业涌入市场,也让环氧乙烷的产能出现了一定的过剩局面,目前国内环氧乙烷盈利状况一般,工厂压力不小,2014年度平均利润仅为357元/吨,较2013年同比下滑76%,环氧乙烷的赚钱光环正在逐步退却。

目前环氧乙烷行业的产能过剩、供需矛盾等问题日益突出,根据行业的数据统计,2005年我国商品环氧乙烷总量仅37万吨,但2013年产能已达243.9吨,当年新增产能63万吨。2014年,商品环氧乙烷又迎来了爆发式增长,新增产能约为151万吨,年底时总产能达到了400万吨左右。新增产能剧增随后就是产能过剩,2012年,国内环氧乙烷销量是产能的82%;而2013年,销量只有产能的77.8%,产能出现了一定程度的过剩。

奥克股份虽然生产环氧乙烷,但是它只是产业链条的一个环节,而且环氧乙烷完全是自给自足,产品一直处于公司产业链的保护当中,受到市场供需变化的影响较小,在2015年2月6号披露的《投资者关系活动记录表》中,公司表示旗下20万吨环氧乙烷项目自2014年12月份以来整体运行顺利,目前开工率已经达到100%,但仍处于试生产阶段,根据需要,开工率向上仍有提升空间。

从长期的角度来看,环氧乙烷或只是阶段性过剩,因为产品的供需不可能总是保持平衡,过去环氧乙烷供不应求,于是大家都来投资建项目,当这些产能短期集中释放时,又出现供过于求,解决这一问题的当务之急,是要加大对环氧乙烷下游需求端多样化的开发力度,目前我国使用环氧乙烷的下游产品并不多,国内环氧乙烷的下游应用还局限于四大类产品,如果在此之外能够再开拓出新的应用类型,那么现在的环氧乙烷恐怕不仅不过剩,量还不够,一旦环氧乙烷向下发展精深加工,将大大释放当前的产能压力。同时,环氧乙烷产业链是乙烯下游第二大产业链,国内乙烯总量的27%用于生产环氧乙烷,环氧乙烷向下游寻求突破,发展环氧乙烷深加工产业,也能够将乙烯产业结构向附加值更高的方向调整,是产业升级的重要举措。

3. 环氧乙烷下游应用端潜力巨大

制约环氧乙烷产业的瓶颈被乙烯工业大发展打破,下游深加工产业的发展制约也随之打破,现在环氧乙烷只要想买就能买到,而不像以前很困难才能拿到,价格也平稳多了,这既有利于环氧乙烷产量的增加,也促进下游深加工产业迎来大发展。

过去几年,环氧乙烷下游产品产量增加,进口产品量已由最高时期的90余万吨下降为10余万吨,很多产品实现了国产替代进口,下游产品的利用开发也日益加强,2013年,国内商品环氧乙烷产销量约178万吨,占环氧乙烷总量的39.7%。

商品环氧乙烷主要用于生产减水剂聚醚、非离子表面活性剂、乙醇胺、乙二醇醚、聚多元醇、氯化胆碱和聚乙二醇等。其中,减水剂聚醚占商品环氧乙烷消费比例的34%,是其下游第一大消费市场。聚羧酸减水剂单体主要用于铁路、轨道交通、核电站以及商品混凝土等。长远来看,聚羧酸市场将有长远且强劲的需求表现,城市轨道交通、核电站的扩建工程等构成减水剂聚醚单体强大的下游需求支撑。未来随着聚羟酸减水剂在民用建筑领域的广泛应用,以及对萘系减水剂的替代,其未来市场前景依然被业内人士看好。根据估算,2015年,减水剂聚醚市场需求或将达到83万吨。

虽然环氧乙烷下游产品的数量迅速增加,但是多个产品的同质化非常严重,彼此间进一步面临恶性竞争,目前在商品环氧乙烷第三级或第四级产业中,中国企业只是基本涉入或还是空白,因此当务之急是加强下游应用的研发能力,加大研发力度,拓宽产业链,生产有竞争力的产品。奥克集团正在积极发展低碳环氧乙烷精细化工新材料,将高活性的环氧乙烷和二氧化碳反应,生产碳酸二甲酯和碳酸乙烯脂等。

另外,奥克股份的领导人朱建民20多年来,从未离开过环氧乙烷,即使是环氧乙烷发威爆炸给朱建民带来严重的身体伤害时,他依然无怨无悔。多年来他带领公司员工一直都在研究国内外跟环氧乙烷产品相关的资料,然后增加自身的研发能力,因此笔者认为奥克股份未来突破现有的环氧乙烷产品的可能性非常大,一旦实现突破,现有的环氧乙烷将远远不能满足新产品的需要。

4. 前期布局产业链条,后期收获成熟果实。

我国目前从乙烯到环氧乙烷再到下游深加工,通过几年的高速发展,这条产业链完整了,但还算不上健康:上游暴利,下游挣辛苦钱,导致很多企业想进入上游。而上游产能过剩,又导致企业要建设更多下游应用项目,产品同质化打价格战。因此,当前环氧乙烷产业链仍有许多问题亟待解决:

首先,产业链上要形成纵向合作。在当前产能过剩的情况下,如果要发展,企业在环氧乙烷价格上应形成共识。环氧乙烷制造企业和下游精深加工企业应该建立起互惠互利、共同发展的合作关系,上游在定价时要考虑下游产业的利润空间,做到放水养鱼。如果下游企业活不下去,上游企业的产品也没有出路;其次,下游应用企业的横向合作也要加强。环氧乙烷精深加工企业之间要形成优势互补、差异化发展、规范竞争的共赢关系。

奥克股份目前在产业链建设上已经走在了市场的前列,公司的环氧乙烷全供下游的聚醚单体和切割液,既能实现生产成本最小化,也能将公司的经营风险降到最小,有望最大受益市场红利。

二、聚醚单体产能逐步释放

公司的聚醚单体主要通过环氧乙烷与其他单体聚合而成,聚醚单体多用于建筑工业用的聚羧酸减水剂,是聚羧酸减水剂的主要原材料,而聚羧酸减水剂是一种高性能减水剂,是水泥混凝土运用中的一种水泥分散剂,直观一点来说的话,就

涨价等于涨停

是公司的聚醚单体产量与我国水泥混凝土的消费量有很大关系。

笔者在翻阅了奥克股份 2014 年的半年报以后发现,公司聚醚单体的营收占公司总收入的 72.50%,是公司业绩增长的权重产品。随着募投项目的陆续投产,2014 年底公司聚醚单体产能已经达到了 49 万吨,较 2013 年底增长了 150%,按照 70% 的开工率测算,2015 年公司的产量增长也达到了 66%,增加了 14 万吨左右的销量,对于市场担心的产能可能过剩导致价格下滑的现象,笔者认为,下游减水剂用的聚醚单体需求非常旺盛,市场有足够的需求增量来消化公司产能,主要是基于以下分析:

1. 聚羧酸型减水剂市场份额不断提升

奥克股份生产的聚醚单体是第三代减水剂——聚羧酸型减水剂的主要原材料,这种新一代的聚羧酸型减水剂是由日本传入国内,是第三代高性能减水剂的代表品种,凭借其突出的产品性能和环保优势,正在逐步实现对第二代萘系减水剂的替代。截至 2013 年,我国聚羧酸型减水剂产量已经达到了 360 万吨,市场占有率达到了 51.4%,超过了萘系减水剂的市场份额。参考国际市场减水剂的更迭,笔者认为聚羧酸型减水剂对萘系减水剂的替代还将继续进行。

(1)聚羧酸减水剂性能更好

相比于萘系减水剂,第三代聚羧酸型减水剂在产品储存、混凝土强度和减水率上都有突出的性能优势,这是其能迅速替代第二代萘系减水剂的主要原因。萘系减水剂有过多的甲醛，不符合减水剂"绿色化"的要求，在日本、欧洲等国家已经开始限制它的使用，第三代的聚羧酸减水剂则被公认为环保型的"绿色"减水剂，是生产"绿色"混凝土的优选材料。

（2）经济性比较优势大

第三代聚羧酸型减水剂对比第二代萘系减水剂，拥有8%固含量的聚羧酸泵送剂和33%固含量的萘系泵送剂功效相仿，从成本上看，8%固含量的聚羧酸泵送剂价格为1260元/吨，33%固含量的萘系泵送剂价格约为1807元/吨，聚羧酸泵送剂价格已经较萘系泵送剂有明显的价格优势，更加上在环保和性能方面的优势，未来聚羧酸泵送剂对萘系的替代将会继续加速。

按照减水剂行业15.7%的增速和聚羧酸减水剂对萘系减水剂2个点的替代，2015年聚羧酸减水剂的需求增量将达到80万吨，对应的聚醚单体需求增量将在16万吨左右。

2. 民用领域聚醚单体需求量后发力量大

减水剂是混凝土最重要的外加剂，可以大幅提高混凝土浆料的流动性能、混凝土的强度和寿命。过去10年，我国基础设施工程处于建设高峰，固定资产投资额逐年增长，混凝土需求旺盛。在2006年~2010年五年间，高铁快速发展、水利工程建设拉动了公司聚羧酸系高性能减水剂的需求，2011年后，消费量的提升主要依靠城市预拌混凝土的应用拉动。

2007年、2008年我国聚羧酸型减水剂对聚醚单体的需求分别为10万吨、16万吨，至2012年需求量迅速增长至30~40万吨。尽管近两年我国固定资产投资增速有所放缓，

涨价等于涨停

但仍保持在 15% 以上的高位,中国混凝土市场仍处于高速发展阶段。随着《关于限期禁止在城市城区现场搅拌混凝土的通知》的发布,商品混凝土的普及率逐年提升,商品化率由 2006 年的 21% 增长至 2013 年的约 42%,但相比主要发达国家的超过 80%、大部分国家超过 60% 的水平,中国商品混凝土市场还有很大的发展空间,商品混凝土产量的持续增长将带动减水剂需求的不断提升。过去三年我国减水剂的平均复合增速高达 15.7%,超过大部分行业,而且随着国家"一路一带"投资不断增加以及混凝土商品化率的不断提升,2015 年减水剂行业有望维持 15.7% 的增速。

高铁建设中聚羧酸减水剂因更具环保优势而被要求强制使用,但在民用建设中还没有相应的政策法规,未来聚羧酸减水剂对民用的萘系减水剂替代升级是大趋势。2010 年,奥克股份在民用领域的聚羧酸减水剂消费量为 50 万吨,至 2011 年迅速提升为 100 万吨左右。2011 年后高铁建设放缓,奥克股份开始积极进入民用领域,当前民用领域的聚醚单体销售占公司聚醚单体总销量的 80%。未来随着民用预拌商品混凝土中聚羧酸系减水剂份额的不断增加,聚醚单体用量将呈稳步增长趋势。

3. 聚醚单体产能供给略大于需求

目前我国的聚醚单体产业集中度很高,前五大企业占市场近 60% 的市场份额,由于行业毛利率一直维持在 10% 左右,因此最近几年各家企业的产能增速一直相对较低。

2014 年新增的产能仅有奥克股份的 33 万吨和上海台界

的 5 万吨聚醚单体产能,而按照 70% 的开工率测算,2015 年真正能够释放的产能仅为 17.5 万吨,略大于需求增长,奥克股份作为行业的龙头企业,产品竞争力强,顺利销售应该问题不大。

三、切割液对公司盈利贡献是未来重头戏

奥克股份是我国环氧乙烷衍生精细化工新材料行业中的龙头企业,并且公司在科技创新上不断突破,旗下拥有多个高精尖产品。2003 年研发出具有自主知识产权的 OXSI 系列太阳能光伏电池用晶硅切割液。这种切割液作为切割介质,具有润滑冷却性能好、延长切割电极丝寿命、清洗排屑性能强、不含有害物质和气味、利于环保等优点。同进口的切割液相比,不仅成本低,价格便宜,更有切割功效高、保质期长、更环保更安全等优点。产品性能和各项技术指标均达到国际领先水平。产品投放市场后,深受用户欢迎。产品产量由 2003 年的 80 多吨,到 2010 年就发展为年产达 12 万吨,成为全球最大的晶硅切割液制造商。

1. 油价下跌带来切割液毛利率提升

公司的产品包括减水剂用聚醚单体和切割液两块,其主要原材料均为环氧乙烷,和油价有很强的联动关系。公司聚醚单体的定价模式主要是原材料成本加成,长期毛利率维持在 10% 的水平,成本下降对盈利的贡献并不明显,但和聚醚单体不同,切割液对成本下降的弹性就相对较大,这在 2008–2009 年的时候体现得非常明显,2008 年国际油价的均值为 96 美元 / 桶、2009 年为 62 美元 / 桶,油价下跌了 35% 左右,

相应的切割液毛利率从 22.01% 提高到了 35.78%，创下了历史峰值。而本次油价自 2014 年 6 月底开始大幅跳水，目前已经维持在 50 美元附近，从中期来看油价是几乎很难回到以前的高位水平，这对以石油作为上游原料的化工企业来说，受益巨大。

截至目前，环氧乙烷价格已经在 2014 年均价基础上下滑了 28.4%，二乙二醇价格下降了 23.5%。在其他条件不变的情况下，2015 年公司切割液成本同比有望下滑 27.6%。而产品价格我们类比 2009 年的降幅，得出公司产品毛利率有望上升 8.6 个百分点。按照目前公司 7 万吨的切割液产量，毛利提升有望给公司带来每股 0.08 元的收益。

2. 光伏电站建设带动多晶硅回暖

公司是国内切割液龙头，新液销售市场占有率达 70%，但在过去 10 年，公司的切割液业务受到光伏市场的起起伏伏而波动较大，业绩一度很低迷。2013 上半年国内光伏市场虽然企稳复苏，但复苏初期企业盈利依然低迷，不少硅片企业为控制成本，加大切割液回收力度，奥克股份新液销量多为刚性需求，未出现明显增长。但随着我国管理层针对扶持光伏业的健康发展，开始高规格、大规模、强力度地出台了一系列新政刺激内需，我国现在已经是光伏行业的真正复苏，政府的扶持所涉及的领域涵盖了光伏产业上下游、并网、金融配套等等，其中最大的提振在于掀起了大型地面电站、分布式光伏系统投建热潮，从鼓励下游终端建设开始，自下而上开始了对光伏全行业的带动发展。

在一系列政策的共同作用下,2013年,中国实现全年新增光伏装机容量12.92GW,跃居全球第一,2014年全年新增的光伏装机容量为7.1GW。

公司切割液产量将与我国的光伏行业发展密切相关,笔者认为,我国的光伏行业在跟随全球光伏市场起起落落以后,目前正在走向以激发内需为主的理性发展方向,因此我国的光伏市场未来将会呈现稳中有增,这对奥克股份来说,无疑是最好的消息。

3. 蓝宝石切割液让市场联想翩翩

奥克股份与蓝宝石搭上关系,还得从公司在2014年8月与尚未破产的GTAT公司签订的《战略合作框架协议》说起,GATA公司当时还是苹果手机指定的蓝宝石供应商,与苹果处于蜜月期,双方已经签署合作协议,以求在随后的业务中加强合作。

虽然二者的合作最终以GATA的破产而告终,但是奥克股份自此跟蓝宝石题材搭上了边,这给公司在下游进军新的领域带来了很大的想象空间。笔者在本节前面部分,曾介绍过奥克股份具有超强的研发能力,未来不排除在蓝宝石切割领域有所突破。

蓝宝石大面积应用最大的两个问题,是制造成本和产能供给的问题,目前行业内的企业已经跃跃欲试,笔者在之前曾经写到的天通股份,就是从事蓝宝石材料的企业,目前公司已经有160台90KG级蓝宝石长晶炉保持正常运转,实现全球最大90KG蓝宝石晶体的产业化,制造成本上大幅下降,目前公司正在蓄积产品,等待蓝宝石屏幕的大范围推广。未来一旦移动终端大面积使用蓝宝石屏,产业链条上的多个细分行业将受益市场的大爆发。

奥克股份是全球最大的太阳能电池用硅切割液制造商,目前正在推广的 NRD 蓝宝石切割液具有窄列一致分散性,可以有效提高切割效率,降低切割消耗;出色的润滑作用,可在蓝宝石表面形成保护膜,降低切割过程阻力及蓝宝石表面的缺陷;杰出的冷却效果,可以有效地散发热量,从而降低切割应力,防止由于温度变化导致的厚度偏差,对降低工业蓝宝石切割成本具有战略意义,未来不排除公司在蓝宝石领域的出奇制胜。

综上所述,奥克股份旗下的高性能混凝土减水剂用聚醚单体和太阳能光伏电池用的晶硅切割液两大核心业务,最近两年已经在积蓄复苏能量,包括建设上游产业链降低成本,增加下游产业的研发力度等,笔者判断随着前期的投入逐步见效,再加上下游行业的回暖复苏,公司的业绩将在 2015 年全面回升,股价或出现 2011 年的高度,因此给予买入评级。

·梅花生物先兼并后提价 吃准行业机会·

新闻源头

2015年1月8日受味精涨价消息刺激,梅花生物高开高走,很快触及涨停板,虽然随后维持高位震荡,最终仍以涨停价7.82元报收。根据当天安信证券发布的研报称,梅花生物宣布旗下的味精价格从7800~7900元/吨上调至8300元/吨,提价幅度为400~500元。同时,近期玉米价格从2400元/吨回落至2200元/吨,按照每吨味精单耗2吨玉米计算,调价以后味精的成本可以下降约400元。由此预计味精最新的吨净利有望上升至650~700元/吨,而之前吨净利不超过200元,

涨价等于涨停

味精动态盈利提升至 5.5~6 亿元。未来随着行业整合的深入，味精行业的涨价预期将正式开启，梅花生物作为行业的第二大企业，将全面受益。

小左解读

随着人们生活水平的提高，味精或许不再是人们家常的调味剂，但是鸡精的作用正逐步显现，而且鸡精的主要成分中是以味精为基础的，因此由鸡精带动味精的消费量应该问题不大。

梅花生物作为行业第二大的味精生产企业，具有比较大的量产成本优势，此次公司产品提价外加原材料成本下降，公司利润空间得到扩大，粗略测算，味精的吨利润将上升至 650~700 元/吨，因此未来一年公司的业绩提升将是大概率事件。

全面解析

一、行业集中度进一步加强，有利于发挥产能优势

梅花生物的主营业务是味精生产，在兼并行业第三名伊品生物以前，公司的味精总产量大约在 51 万吨，仅次于龙头阜丰集团，但与龙头的差距较大，只有阜丰集团的一半产量，但公司在 2014 年收购宁夏伊品生物集团以后，这种差距得到了极大的扭转。

1. 收购伊品生物，缩小与行业龙头差距

梅花生物的味精业务占公司总营收的比重在42%，且毛利相对较高，公司在收购合并行业第三名伊品生物以后，味精总产能已经超过70万吨，行业地位进一步增强，对味精价格的控制力有增无减。

梅花生物拥有完整的产业链和巨大的资本投入，享有明显的成本优势，其他小企业在玉米价格、能源成本、劳动力成本、土地及产业链上都不及梅花和阜丰两大巨头，单个小厂或者新进入者的味精生产现金成本至少达到8800~9000元/吨（完全成本可能要在11000元），因此我们认为后续两大龙头凭借自己的寡头垄断地位，继续提高味精价格的可能性很大。

企业	所在地	产能（万吨）	产量（万吨）	开工率
阜丰集团	内蒙古、陕西、东北	105	75	71%
梅花集团	内蒙古、新疆	52	40	77%
宁夏伊品	宁夏	20	14	70%
山东圣花	哈尔滨，宁夏	15	12	80%
菱花	山东	10	2	20%
莲花味精	河南	16	8	50%
中粮	黑龙江	10	0	0%
信乐	山东	5	0	0%
三九	山东	9	4	44%
福建武夷	福建	8	0	0%
齐鲁雪花	山东	12	2	17%
总计		262	157	60%

图1 国内味精行业产能分布

2. 公司产品优势进一步扩大

当前我国味精行业市场容量大约是 200 万吨,梅花生物曾经以 51 万吨的年产能占据了 25% 的市场份额,与行业龙头阜丰集团 100 万吨的产能相差较大,但是公司在 2014 年收购了伊品生物 100% 的股权,我国味精行业的产能分布也进行了重新划分。伊品生物是仅次于阜丰集团和梅花生物的第三大生物发酵企业,拥有年产 22 万吨味精、5 万吨苏氨酸、37 万吨赖氨酸的生产能力。

新的梅花生物合计味精产能将超过 70 万吨,市占率将达到 40%;苏氨酸产能将超过 20 万吨,远大于阜丰集团 4 万吨、大成生物 1 万吨的产能,市占率将达 80% 以上;赖氨酸产能为 67 万吨,超过大成生物 50 万~60 万吨的实际销量。这一合并,进一步增加了生物发酵行业的寡头垄断的程度。

资本市场上对此收购消息反应也比较剧烈,梅花生物在停牌三个月以后,于 2014 年 11 月 15 日抛出重组方案,股价连续两天出现涨停板,并在随后两个月走出了一波上涨的趋势,可以说市场是一致看好两家公司的合并将为公司业绩带来增长。

图 2　梅花生物日 K 线图

被收购的伊品生物过去利润之所以不断下滑,主要原因为味精价格下跌所致,从周期性来看,味精价格已见底,行业正在走出低谷,产品提价已经提上日程。2015 年初,梅花生物已经率先提高味精吨价,短期伊品生物提价的概率较大,公司的毛利率也将得以提升,盈利能力加强。同时苏氨酸价格暴涨对伊品生物的利润贡献也较大,伊品生物拥有年产5万吨苏氨酸的生产能力,按照现在苏氨酸涨价的情况来看,业绩增长是有保证的,多个生物发酵产品的提价,或许将带动整个行业的提价。

二、味精消费大环境趋好总量稳中有增

目前国内增鲜消费品市场的容量已经超过300亿元,占调味品行业总体容量的25%左右,其中味精等传统增鲜调味品作为老百姓的刚需型调味剂,其市场规模占到增鲜消费品的70%以上(约210亿元),如此大的市场占比反映了它稳定的需求量,而且味精的需求受经济波动影响较少,抗周期能力较强,未来味精仍是中国增鲜调味品市场最重要的品种之一。

从图2我们可以看到味精主要用于三个方面:一是烹调时直接使用;二是用作其他复合调味品的添加配料;三是在其他食品中做添加配料。从国内实际消费群体来看,味精主要是应用于食品加工行业,根据我国发酵工业协会初步统计的数据,国内味精下游需求的50%销售给食品加工企业(例如用来生产食品调味剂等,如酱油和鸡精),30%供给餐饮业,剩余的20%为居民日常消费。

虽然在日常居民消费领域其消费量增速在下降,但是复合调味料相应增加更多,比如鸡精代替了一部分味精,而鸡精的50%以上成分就是味精,食品加工业、餐饮业的味精需求也在缓慢增加,社会对味精需求呈现刚性需求,很难大面积减少,味精的消费需求呈现出稳定增长趋势。

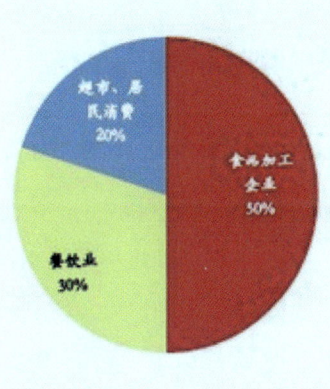

图3 味精下游需求分布

1. 我国餐饮业没有最好只有更好

根据国家统计局的数据显示,2013年全国餐饮行业收入为2.54万亿元,同比增长9%。而在1978年全国餐饮业零售额仅为54.80亿元。而在过去的三十多年中,国内餐饮行业收入年均增长率达到16%,餐饮业已经成为我国服务业的支柱产业。

2013年行业增速下降主要是因为高端餐饮行业营业收入下滑,据统计,限额以上企业(单位)餐饮收入累计达到8181亿元,同比下降1.8%。根据中国饭店协会对2013年全年餐饮市场的分析,餐饮市场呈现高端餐饮低迷、大众餐饮势头强劲的两极化表现,政府出台反腐政策,抑制了高端餐饮领域的三公消费,对高端餐饮行业产生了巨大的冲击,而与普通百姓相关的大众餐饮细分领域依然处于稳健增长的趋势中。未来,国内居民生活水平的不断提高,外出就餐将更加频繁,这将刺激我国的餐饮零售行业的大发展,间接带动味精和鸡精产品的需求增长。

2. 食品加工优势地位继续加强

在过去 10 年来,食品制造和农副产品加工业保持稳定且快速的增长态势。2012 年全国规模以上食品制造行业企业数量为 7067 家,实现销售收入 15681.9 亿元,同比增加 17.6%。其中方便食品制造业,规模以上企业有 1096 家,2012 年销售收入为 2818 亿元,同比增长 17.11%,利润总额 210 亿元。饼干及其他焙烤食品制造行业,规模以上企业数量为 637 家,行业销售收入为 1234 亿元,同比增长 18.9%,利润总额为 97.4 亿元。

作为味精下游需求端的拳头行业——食品加工制造业,行业发展基础较好,我国的食品加工行业注重成本,对中低端调味品需求较大,而且调味品在食品加工中成本比重较低,对已选定的调味品价格敏感度不高,味精未来将在食品加工中发挥更大作用,这会对味精的需求量形成强有力的支撑。

3. 复合调味品弯道超车带来惊喜

复合调味品行业对味精产品而言,是机会与市场冲击并存。我国调味品业近几年发展迅猛,保持 20% 以上的年增长速度,味精需求也随之增长。

行业高速发展的背后也面临冲击,随着调味品升级趋势加速,鸡精与味精在一定程度上存在替代关系,鸡精在居民消费领域对味精市场带来一定的冲击,替代效应使得用于餐饮业与居民家庭消费对味精的需求减少。但是从两者的成分上分析，鸡精的50%以上成分就是味精，鸡精需求增加，虽然减少了单包味精的消费个数，但是增加的鸡精消费量间接增加了对味精的需求，因此鸡精的替代作用对味精的产量的影响不大，总体看，味精的需求较为稳定，受经济波动影响较少。

三、规模成本优势愈发明显

1. 原材料自给自足降低生产成本

梅花生物在合并了伊品生物以后，除了在产能上更多占据国内市场以外，最主要的是降低了原材料的采购成本，目前行业内单个小厂或者新进入者的味精生产现金成本，至少达到8800—9000元/吨(完全成本可能要在11000元)，公司实际生产成本远低于此。

为了在规模和成本上取得竞争优势，梅花生物在建设初期就围绕主营产业进行缜密布局，对味精生产线进行电、汽、合成氨、硫酸等能源和大宗辅料综合配套，完全实现自给自足，并形成了煤化工和盐化工两大配套系统。

公司建设了内蒙古通辽的基地、新疆五家渠的基地，其中通辽基地所在的通辽地区，不仅是我国主要的玉米产区之一，并且富含储量丰富且价格低廉的褐煤。从历史上看，通辽基地玉米采购价格在较长时间内低于国内玉米平均价格，通辽梅花的燃料主要采用褐煤，通过与当地大型煤炭企业建立长期战略合作关系，最大限度地降低褐煤采购成本，按换算为标准煤热量(7000千卡)价格计算，通辽梅花褐煤采购价格较其他燃料煤采购价格具有明显优势，以2014年年初的价格为例：玉米内地价2230元/吨,通辽为2160元/,新疆为1600元/吨;煤炭4500大卡秦皇岛价格415元/吨,公司通辽价约205元/吨,而公司新疆5000大卡的价格才120元/吨。玉米和煤炭占公司总成本的60%左右,其成本优势不言而喻。未来公司完全可以通过成本优势,持续扩大产能,将竞争对手挤出市场。

公司的几大基地还享有电力优势,其中通辽和新疆的生产基地都申请到自备热电厂,在提供蒸汽的情况下,完全满足了公司的电力需求,公司蒸汽平均一立方价格80元,新疆基地未来随着二期黄原胶和10万吨味精投产,能够降到30元,而市场蒸汽价是300元/立方;电力价格目前相当于0.1元/度,完全投产后可以降低到0,又将节省一大笔成本支出。

2. 行业第二拥有强大的规模优势

伊品生物的主要业务和梅花是相似的,比如伊品主要是味精和氨基酸,而梅花的业务也就是这两块,而两种产品在原材料供应和生产工艺上存在较大的相似性。除此之外,公司的赖氨酸、苏氨酸、色氨酸、脯氨酸、异亮氨酸等全系列氨基酸产品与原有的副产品玉米胚芽、蛋白粉等,在销售方面将对饲料企业(尤其是全价配方饲料企业)形成良好的一次性配套服务和销售协同效应,多产品生产使得公司在供、产、销及研发等方面,较竞争对手获得更佳的规模经济效应和产品协同效应优势。

另外,梅花生物本身的技术,比如工艺水平、自动化装备和环保技术,在生物发酵行业中具有明显的生产优势,梅花集团产品生产的工艺指标水平和能源消耗水平在行业内处于较低水平,代表了生物技术领域的先进生产力,两家公司合并以后,这些技术和资源优势都将得到更好的发挥。

3. 高效环保和循环经济

我国工业污水的排放量大,2012年工业污水占污水排放总量的32.3%,虽然工业污水的排放占比已经呈现下降趋势,但是排放量仍然很大,带来的污染事故日益严重,无证偷排、超标排放等情况屡见不鲜,导致污水污染事件频发。新一届政府上台以来,对于环保的重视达到空前高度,甚至不惜以降低GDP增速为代价,来保证经济健康发展,并借机淘汰落后产能。

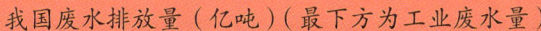

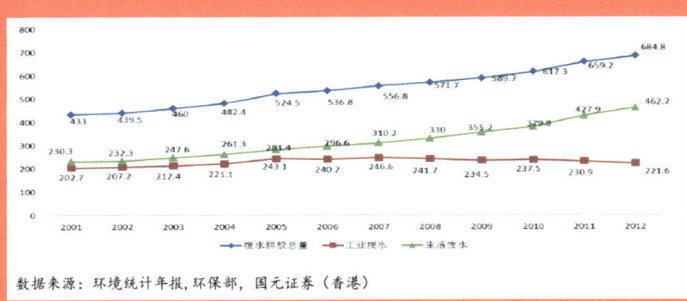

数据来源:环境统计年报,环保部,国元证券(香港)

目前我国在环保领域的投资占GDP的比重,仅相当于上世纪90年代美国的投入水平,因此我国各行各业在环保上的投资还会继续增加。由于味精行业是高能耗、高污染的行业,随着我国工业化进程的完善和环保压力的增强,国内对味精

涨价等于涨停

行业落后产能的淘汰力度将不断加大,在前两轮落后产能淘汰过程中,主要以淘汰中小规模和高污染企业为主,大批中小味精生产企业尤其是以外购谷氨酸生产味精的低毛利率、高污染企业迅速倒闭,味精生产企业由100多家迅速下降至20多家。全国8家十万吨以上的生产企业产量即占全国总产量的90%,其余产量分布在福建、四川、宁夏、广东以及内蒙古、东北等地。

自2010年底开始的产能淘汰是味精行业的第三轮淘汰整合,截至2013年底,本轮味精行业产能淘汰累计达到36.3万吨,涉及到的味精生产企业淘汰的产能规模也越来越大。

中美两国环保投资占GDP比重

	1972	1980	1987	1990	2000
环保投资（亿美元）	300	724	770	1150	1710
环保投资占GDP比例%	0.9	1.49	1.7	2.1	2.6

数据来源：美国环境署，中国环保部，国元证券（香港）

	2000	2004	2006	2008	2010
环保投资（亿人民币）	1014	1910	2566	4490	6664
环保投资占GDP比例%	1.02	1.19	1.19	1.43	1.66

数据来源：美国环境署，中国环保部，国元证券（香港）

梅花生物作为味精生产企业的大户,属于高污染企业,多年来一直在增加环保的投入。根据其官方公开的资料来看,我们可以粗略估算一下它的环保投入：从2003年至2011年间,梅花生物已经投入7亿多元进行环保工作,几乎占到了该公司总资产的十分之一。从2007年开始,公司用三年时间花费了500万元研制的三级洗涤加静电除雾技术获得成功,烟雾中带有异味的有机质物质去除率达到96%,排到大气中的烟雾多为水蒸气,在空中几十米就会消散,而过去烟雾飘散到大气中形成的烟带长度在上百米。

公司也在其他方面来弥补环保方面高额的支出,比如利用核心原材料玉米副产品加工,通过将一个生产环节中产生的余热余气,在其他生产环节循环使用及对生产废液的再利用,已建成资源综合利用一体化生产线,并荣获全国发酵行业循环经济示范企业称号。公司的循环经济模式主要包括两个生产基地,均配套有独立供热站,利用硫酸生产中产生的热量发电并生产蒸气,供其他生产环节使用,直接利用供热站动力生产液氨,降低液氨生产成本;利用味精生产中排放的高浓度废水提取蛋白,生产有机肥,目前已经建成了年产30万吨复合肥的复合肥生产线。

虽然净利较薄,但是相当于节省了环保支出,在目前环保压力越来越大的情况下,行业内的小规模公司很难在符合环保标准条件下还能盈利。因此笔者认为梅花生物在环保上的投入不会加重公司的成本负担,反倒能成为公司强大的竞争力。

四、税费优惠大大降低公司经营压力

2015年1月1日起,财政部对味精和赖氨酸、苏氨酸等产品出口退税率进行了上调,味精从此前的0%上调至13%,赖氨酸从此前的9%上调至13%,苏氨酸从之前的0%上调至13%。2013年全国味精出口量为17841吨,出口金额为2460.8万美元,因此这一出口退税新政将有利于生物发酵行业的景气提升,尤其是对出口占比较大的梅花生物有着重大

涨价等于涨停

的利好影响。

1. 梅花生物出口味精占比大受益也大

公司将直接受益于此次出口退税政策的调整,笔者粗略测算了一下:梅花生物2014年的味精出口量约为10万吨,2015年出口量约为15万吨;伊品生物2014年的味精出口量约为4万吨,假设2015年的出口量不变仍保持4万吨,则两家公司2015年的合计出口量预计达到19万吨。

在不考虑味精出口价格上涨的情况下,公司2015年味精出口单吨利润可增加700元(税前),总利润可增加约1.3亿元(税前),税后利润可增加约1亿元。从过去两年公司的实际业绩来看,味精及谷氨酸(产品)在2014年上半年的利润是3.42亿,2013年的利润是5.6亿元,如果能凭此增收1亿元利润,将对公司原有利润增加约20%的贡献度,这对公司的业绩影响还是非常大的。

从远期来看,中国味精出口量占全球味精贸易量的60%,国内生产企业的国际话语权比较大,预计出口退税的利润不会折让给国外客户,有望利好全行业的发展。

2. 苏氨酸出口占主导最大受益退税新政

目前国内苏氨酸行业出口占比高达65%左右,由于其技术壁垒和行业整合,两大巨头垄断了75%的产能,而梅花生物(包括伊品)占据了一多半以上,具有行业主导权优势。

梅花生物曾在2014年7月23日对苏氨酸进行提价,上调到12元/公斤(约1.2万/吨左右),到了11月17日,梅花生物的报价为34元/公斤;截至11月24日,梅花生物已经停止了苏氨酸的报价,市场报价大多稳定在 28 元 / 公斤 (约 2.8 万元 / 吨左右)。按合并伊品生物后计算,梅花生物的苏氨酸的产能超过 20 万吨,每吨毛利润至少超过 5000 元,保守估计梅花生物在苏氨酸产品上的毛利润一年就将超过 10 亿元。从行业环境上来看,国家也加大了对食品添加剂企业的监管,一批小厂被迫关停;同时由于环保压力,一些产能落后的小厂主动退出。在收购伊品生物后,梅花生物在苏氨酸市场的占有率提升到了 80%,成为国内最大的苏氨酸厂商。

笔者认为行业龙头凭借成本和份额等显著优势,将会把苏氨酸价格短期内保持在中小企业盈亏线,国内新增产能的出现概率很小,行业集中度趋升和需求快速增长趋势不变,中长期苏氨酸的价格有望高企,利好梅花生物。

如果执行最新的 13% 的退税 (原来不退),每年出口金额同样是 10 个亿 (约 7 万吨),大约理论上可以减少成本约 7~8 千万,保守估计公司可以增厚约 4~5 千万元利润。

3. 赖氨酸集中度相对分散,出口竞争预计会加剧,有利于行业优胜劣汰

我国赖氨酸行业出口大约占比为 25%,目前行业处于去产能过程当中,亏损面很大,行业集中度相对味精和苏氨酸要低,我们认为赖氨酸的出口市场竞争或会因退税上调而有所加剧,这对行业来说中长期有利,将会加大劣势企业的经营压力,有利于行业优胜劣汰和集中度提升,助推赖氨酸未来周期反转。笔者认为梅花生物作为生物制品行业的龙头之一,有能力在行业的优胜劣汰当中继续保持行业优势和地位。

五、下游客户名家云集抗风险能力强

味精市场的销售对象主要分为工业客户及零售市场消费者,受益于国内消费水平的不断升级,以从事餐饮、调味品(鸡精、酱油等)及方便食品(方便面、速冻食品等)生产的企业为主要销售对象的工业客户市场增长迅速。

据笔者了解,目前梅花集团工业客户的味精消费量约占味精消费总量的75%;零售市场规模相对较小,约占味精消费总量的25%,公司通过与工业客户建立长期合作关系,有利于获得稳定增长的市场份额。

梅花集团的主要工业客户包括:1)鸡精、味精生产企业:太太乐、豪吉、大桥鸡精、成都国泰等;2)方便面生产企业:康师傅、统一、华龙、今麦郎等;3)其他:苏州市合兴食品公司、上海冠生园天厨调味品公司、武汉中勤商贸有限公司等;4)海外客户:联合利华、雀巢、韩国希杰公司、上海东索贸易公司等。上述工业客户中大半与公司有至少四年的合作历史,并且与公司长期保持稳定的业务合作关系,此类客户实力雄厚,具有较强的抵御市场风险的能力,其生产波动性相对较小,产品订单较为稳定。

六、公司氨基酸产品的调价预期

2010年企业成功上市后,梅花集团选择在氨基酸产业上做大做强,先后投产了苏氨酸、赖氨酸、色氨酸等大品类氨基酸,以及缬氨酸、异亮氨酸、谷氨酰胺等小氨基酸产品,持续朝着大型综合生物发酵产业集团的目标迈进,氨基酸已成为梅花生物收入、利润的主要增长点。目前赖氨酸和呈味核苷酸都处于景气底部,笔者认为2015年也将是他们的拐点之年,公司已经在1月8号上调了味精的价格,不排除再上调其他产品的价格,未来一旦调价,盈利向上的弹性巨大,同时苏氨酸在2015年的均价或维持在1.5~1.6万元(吨净利3000~4000元),预计将有6~8个亿的净利润。

综上所述,梅花生物具备股价上涨的两大基础条件:

1. 该公司业绩具有增长预期,能够给予股价支撑:在前面的表述中,笔者分析了行业和公司的实际情况,判断梅花生物还会继续上调味精价格,未来释放业绩只是时间问题。而赖氨酸、苏氨酸和呈味核苷酸等产品的价格存在上调预期,再加上公司在治理污染上的成本得到了很好的对冲,有利于提高公司业绩;

2. 公司产品具有广泛的消费群体,容易成为明星股:俗话说,众人拾柴火焰高,热门股之所以有好的表现,首要条件就是关注的人多。公司的主营产品是味精,属于刚需型食品,因其占需求端的支出比例是非常小的,因此味精价格的变化不会影响其购买量,但因其消费群体众多,舆论对其日常的价格是比较敏感的,由此其价格的细微变化会带来舆论的关注。

梅花生物的股价长期徘徊在5元附近,但是在2014年受到并购伊品生物和味精提价的利好影响,股价大涨了50%,笔者认为随着公司寡头垄断地位稳固以后,规模优势显现,味精或将继续提价,将会稳定增加公司业绩,同时出口退税也将带来较往年以外的收入,因此公司2015年的业绩同比上年会稳步增长,再加上所收购的伊品生物,笔者预测公司2014和

涨价等于涨停

2015年的利润分别为5.33亿元和16.1亿元,新股本全面摊薄后的每股收益为0.14元和0.43元。

梅花生物在2014年11月15日公布的重组兼并方案前后,市场就开始传出公司味精要涨价的消息,果不其然,进入2015年后公司宣布味精提价,并直接带动公司股价出现涨停,如果公司的其他产品未来还将提价的话,笔者并不会觉得奇怪,在公司规模优势突出的情况下,公司的产品提价将会提升公司的利润水平。

·稀土——宁波韵升推股权激励方案 利好公司持续发展·

新闻源头

稀土价格已从最高点回落将近90%,2015年或稳步上升:2015年的春节还未过完,市场关于稀土涨价的预期就在增加,节后稀土价格基本保持在了节前的水平,但是多数厂商对后市看好,比如轻稀土方面,业内普遍预计龙头企业北方稀土即将公布的内部定价将有所上调,中重稀土方面,业内预计随着稀土资源税的调整,必然导致分离成本增加,推动后市价格上涨,行业利润水平提升可期。

稀土作为战略资源,国家多年来一直没有中断建立定价

涨价等于涨停

体系的步伐。并已经实施了多项措施,包括组建六大稀土集团、淘汰稀土落后产能、稀土收储、对稀土产业链进行补贴、打击稀土业内的违法违规行为等,已经取得了一定的成效。目前稀土价格已跌至业内公认的底部,自身具备了周期性底部反转的基础。

小左解读

每年春节前后,因为供应方陆续停工,而需求方需要提前备货,都会导致稀土市场供应偏紧,促使稀土价格上扬,以 2015 年春节的价格为例,氧化镨钕较 2014 年 12 月初的低点已上涨了 7.4%,而氧化镝价格已较 2014 年 10 月末的低点上升了 14.8%。从下游可接受程度看,预计轻稀土价格可能还有近 30% 的上升空间。

宁波韵升作为国内第二大钕铁硼永磁材料生产企业,主要生产的是高端钕铁硼,因为高端钕铁硼多为下游产品的核心材料,且供不应求,所以稀土价格上涨基本不会影响公司的钕铁硼产品销量,反倒能增加公司的毛利水平。

全面解析

一、钕铁硼生产领域转向高端,现金充裕保障外延扩张

国产钕铁硼永磁材料大部分为中低档产品,只能应用于性能要求不高的领域,利润水平很有限。我们以 2014 年稀

土行业的市场表现来看,磁材企业的差异化趋势明显,高低端产品呈现"冰火两重天":高端磁体、瓦形磁体、异形和特种磁体,以及电机、汽车、电子等应用类磁体销售火爆,市场良好,企业基本上保持了满负荷生产,这些企业大致占全行业的1/3;而生产的中低端磁体、同质化磁体、消费类磁体市场严重萎缩,产品库存严重,这些企业大约占行业的2/3左右,由于产品销路不畅,企业生产难以为继,很多企业已经关门或歇业。

面对严峻的竞争形势,中国厂商已经开始优化钕铁硼生产工艺,提升产品品质,向高端领域迈进。此外,还有较大一批企业在勉强维持磁性材料业务的同时,开始向其他产业转型,因此笔者认为磁材产业去产能的大幕拉开,而技术实力雄厚的公司,包括宁波韵升在这一波潮流中将不断强化竞争优势。

宁波韵升最初在钕铁硼的产业上起步早,目前公司产能位居国内第二,规模优势比较明显,再加上公司的技术水平突出,现已进入钕铁硼高端应用领域——计算机和高性能汽车电机应用市场,把钕铁硼磁体成功应用于硬盘驱动器音圈电机(VCM)、汽车电动助力转向系统(EPS)、混合动力电动汽车(HEV)的点火线圈、电动助转向、气囊传感器等汽车零部件中,因此公司产品的毛利率水平在上市的钕铁硼磁性材料中是最高的。

虽然近几年受稀土价格大幅下滑的影响,我国钕铁硼产品的收入都出现了明显下滑,但这种情况已经在2014年开始好转。宁波韵升虽然在2013年钕铁硼的收入增速下滑36%,但从2014年中期开始,公司钕铁硼业务收入已开始反弹,2014年上半年收入增速下滑为17%。

经过前几年的下跌,未来稀土价格进一步下滑的空间不大,而在稀土打黑、大型稀土集团成立以及收储等一系列举措的情况下,加上下游需求好转,稀土价格触底反弹为大概率事件。

1. 产能国内第二,利润水平同业最高

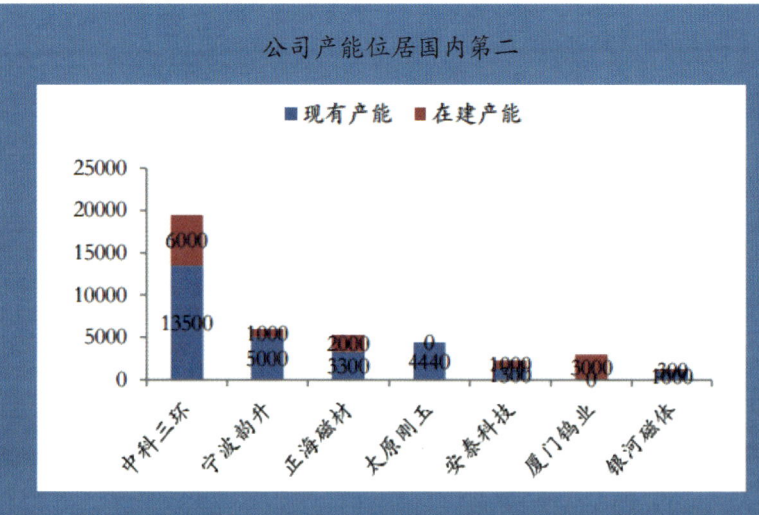

宁波韵升在2013年以前的主营产品是钕铁硼和电机,但随后公司逐步剥离电机业务,专注于稀土永磁材料的生产。目前公司烧结钕铁硼产能达5500吨,位列全国第二,

同时还有粘结钕铁硼产能250吨。过去多年,公司积极参与国家西部大开发战略,在稀土原材料基地包头市设立中、高档钕铁硼生产基地,进一步提高了企业的市场竞争力。

公司控股股东韵升控股集团有限公司,主要从事稀土永磁材料、汽车电机、伺服电机、八音琴、紧密纺装辂及智能技术等产业领域的研究与经营,集团已实现年产6000吨烧结钕铁硼永磁体的生产规模,同时又是全球产业规模最大、产品系列最全的八音琴生产企业。

受到国家稀土打黑、大型稀土集团成立以及收储等一系列举措的影响,从2014年中期开始,公司钕铁硼业务收入已开始反弹。当前稀土价格进一步下滑的空间不大,价格触底反弹成为大概率事件,再加上下游需求好转,这将刺激公司未来钕铁硼业务持续转好。

从销量来看,随着过去几年稀土价格的持续下滑,钕铁硼下游替代性需求逐步恢复,公司钕铁硼业务收入将受益于价格的反弹和销量的恢复。同时公司现有存货4.63亿元,如稀土价格出现明显反弹,公司的低价库存将使公司钕铁硼毛利率出现明显的上升,量价齐升和毛利率的提高有利于公司业绩目标的实现。

2. 技术优势媲美国外同类企业

中国与日本的稀土产业几乎同时起步,但由于专利壁垒,钕铁硼等一些高端应用制造产品一直无法正常出口,全球市场多由发达国家垄断,日本用量最大的是VCM,约占产量的50%,掌握此项技术的主要有Neomax(日立－住友)、TDK、信越化工等企业,它们合计占全球一半以上的市场份额。

目前中国钕铁硼产量大概为8万吨,其中有专利许可的产量为2万吨左右,剩下的6万吨中,有3~4万吨在国内市场消化,还有2~3万吨出口需要专利的许可,而日本同行日立金属则在全球申请了600多项钕铁硼专利技术,其中授权中国8家钕铁硼企业的有149个美国专利,这更有利于日立金属垄断钕铁硼市场。

2012年8月日立金属曾在美国发起专利诉讼,要求美国国际贸易委员会就专利337展开调查,诉讼以国内三家被诉企业与日立金属达成专利和解协议结束。此次诉讼不仅仅是针对烧结钕铁硼企业的专利问题,更重要的是想通过诉讼规范下游应用企业,督促其使用已授权专利企业的磁材产品。因此笔者认为此次诉讼,有利于市场的采购活动不断向专利企业集中,而作为国内较早获取专利授权的企业,宁波韵升的市场地位会更加稳固,高端钕铁硼市场寡头竞争的局面也更有利于公司稳固现有的市场容量。

3. 产品需求稳定,预计钕铁硼销量增速加快

宁波韵升的钕铁硼产品主要应用于硬盘驱动器音圈电机(VCM)、汽车、工业设备、消费电子等下游领域,作为第三代磁性材料,钕铁硼永磁体的核心性能指标最大磁能积和内禀矫顽力,较永磁铁氧体和钐钴永磁体明显优异,在VCM、消费类电子产品以及风电、节能环保空调、新能源汽车、EPS等新兴领域和传统消费等领域存在广泛的应用。

（1）VCM用磁材需求保持高位，公司产能提升强化竞争力

VCM用钕铁硼永磁体是公司最大需求端，占比一直保持在30%左右，尽管最近几年全球硬盘出货量出现了小幅下滑，2011-2013年下滑幅度分别为-4%、-7%和-4%，但其对钕铁硼的需求仍保持在高位水平，以单位硬盘钕铁硼需求10g/台测算，2014~2016年硬盘用钕铁硼需求保持在5000吨左右水平，行业不存在大幅下滑的风险。

从行业内部来看，中科三环、宁波韵升等3~4家专利企业垄断了全球VCM的供应，VCM属于钕铁硼磁材的高端应用，门槛较高，竞争格局稳定，宁波韵升的VCM业务以NEOMAX委托加工起家，技术和销售渠道优势明显，且2013年公司VCM磁钢完成了技术改造，产能有所提升，竞争力得到进一步强化，预计将长期占据全球前三甲的位置。

（2）汽车磁钢受新能源汽车拉动加速成长中

汽车领域对钕铁硼磁材的需求一直较大，2013年开始新能源汽车销售放量，且新能源汽车中纯电动占比逐步开始提升，对钕铁硼需求开始逐步体现。

中国汽车工业协会统计显示，2014年新能源汽车销售7.48万辆，同比增长3.2倍；其中纯电动汽车销量同比增长2.1倍；插电式混合动力汽车销量增长8.8倍。由于新能源汽车巨大的成长潜力，汽车行业对钕铁硼的需求正在逐步放大，逐渐成为下游第一大需求来源。

涨价等于涨停

若假定2014–2016年全球电动助力转向系统（EPS）销量增速10%，新能源汽车销量增速为68%、78%、74%的情况下，据此测算汽车对钕铁硼需求达到3982、5622、8262吨，年均复合增速约为44%。

宁波韵升在2012年专门新设了汽车磁钢产品部；2013年完成了若干新项目的样品交付，包括新能源汽车用磁钢、EPS电机磁钢、变速箱用磁钢等，汽车磁钢产品占比已达到20%；2014年公司经营规划中进一步提出注重对汽车磁钢的政策倾斜和资源投入，尽快扩大业务，因此笔者预计，公司汽车磁钢产销量将快速增长，成为公司的拳头产品。

（3）综合磁钢类产品相对优势明显，可挖潜力大

公司综合磁钢主要面向工业设备、家电、消费电子等应用领域，在公司产品整体占比中达到50%，由于相对于永磁铁氧体和Sm2Co17（第二代稀土永磁材料），具有明显的磁性能优势，满足节能、轻量、轻薄、短小等应用需求，因此广泛应用于钕铁硼永磁电机中，如工业设备中包括风力发电机、电梯曳引机、磁选设备、MRI(核磁共振)等；家电中的节能环保空调压缩机等；消费电子包括手机震动马达、扬声器等。

通过持续提高性能和价格优势，钕铁硼磁材一方面可巩固已有的应用领域，又可不断替代永磁铁氧体和Sm2Co17(第二代稀土永磁材料)的应用领域，其发展潜力大，产品需求刚性不减，成长势头明确。

二、稀土价格暴跌已成过去时，目前正是价格洼地

经过2011年的暴涨和随后的暴跌之后，目前稀土价格正

处于周期底部,向下空间不大,再加上国家整合稀土行业意图明显,2014年初大稀土集团组建获批,稀土行业整合力度不断加大,2015年有望继续加强。另外稀土国家收储计划在2014年8月正式启动,托住稀土价格继续下滑的可能性,因此当前稀土价格有足够的基本面和政策面支持,止住下滑趋势。

展望稀土价格的未来变动,笔者认为2012年以来稀土价格持续下跌,随后国家的一系列密集政策持续缩减了稀土供给,生产成本目前也支撑中重稀土价格,稀土价格下行空间很小,未来或步入温和上涨的轨道。

从宁波韵升的发展轨迹来看,2008年以来公司磁性材料产销量均呈现稳步增长态势,磁性材料作为众多新兴产业的上游,产业自我优化、提升发展的内在动力充足,但从公司收入、利润变动来看,受2009–2013年间稀土原材料价格暴涨暴跌,下游需求受到重大冲击,公司经营出现较大波动,这些指标都显示,公司利润水平与稀土价格高度正相关,因此未来稀土价格企稳回升对公司的利润水平将形成重要支撑。

1. 稀土集团整合提速,提高行业集中度掌握定价权。

中国的稀土产业一直存在产业集中度低的问题,全国现有稀土冶炼分离企业近100家,平均每家的年产能不到4000吨,稀土新材料生产格局较为分散,以生产规模最大的稀土永磁材料为例,目前中国钕铁硼稀土永磁材料的年产量约为8万吨,占全球产量的近80%,但是生产企业却有近200家,分布在内蒙古、江西、山西、浙江等许多省份,年产能超过30000吨的企业只有五家,产业集中度非常低。

涨价等于涨停

2014年初,工信部牵头制定稀土大集团方案,拉开了稀土行业实质性整合的大幕。按照方案内容形成"1+5"的格局,包钢稀土组建成立的北方稀土集团、五矿和中铝赣州稀土、广晟有色、厦门钨业等在内的六大集团都已经陆续获得备案,截至2014年底,这六家稀土集团共整合了全国67本稀土采矿证中的66本和99家冶炼分离企业中的77家,剩余1本采矿证和22家冶炼分离企业也已明确整合意向或列入淘汰落后计划,2015年将全部完成。

国家目前已经将稀土作为战略性品种来看待,正在执行以大集团为中心、构建稀土全产业链条的目标,以改变数年来稀土企业散乱的状况,实现国际竞争力。未来稀土大集团将获得国家层面的一系列更多支持,后期的整合将围绕上述几大稀土集团进行,整合重点是国内稀土原矿和冶炼分离等上游企业,这意味着稀土资源优势将进一步向大集团集中。

2. 稀土行业的供给过剩已逐步改善

由于严打和高压的震慑力度,私采稀土的现象已经基本消失,但有证矿山的超采和分离冶炼厂的超额作业仍屡禁不绝,这主要是因为有证矿山的超采源于所有权和采矿权的分离,以赣州地区为例,虽然当地的稀土矿业公司手中掌握了张采矿许可证,但矿山所有权却属于当地的村民或者矿主。矿业公司只能通过劳务承包形式,雇佣矿主开采所属的稀土矿,并按开采指标回收稀土。目前这种劳务承包的合作形式,客观上很难控制矿山的实际开采量,有证矿山的超采行为是目前市面上主要的私矿增量来源。

2015年1月28日召开的稀土工作会议已经明确了2015年的工作重点：第一个就是六大稀土集团整合全国所有稀土矿山和冶炼分离企业，实现实质性重组；继续深入打击违法违规行为；大力发展高端应用产业；加强稀土生产和流通管理，使稀土计划指标向六大集团集中；抓紧出台稀土资源税改革方案，修改完善《稀有金属管理条例》。国家已经将稀土作为战略性品种来看待，此次稀土工作会议再次明确了我国稀土行业的工作目标，若上述整合政策能被有效执行，将持续缩减稀土供给，对目前价格有较强的支撑作用。

总体来看，目前仍然是处于产能过剩的阶段，但是随着稀土行业迎来政策的密集落实期，未来稀土供给持续缩减可期，过剩的程度将快速地下降。

3.打击私挖滥采成为新常态，国家长期整顿市场有望收紧稀土供给。

稀土业是一个污染严重的行业，虽然稀土元素本身的毒性并不高，但稀土的开采和提炼过程，却会严重制造污染。首先，稀土矿往往伴随钍、铀等放射性物质，产生严重的放射性污染；其次，提取微量元素时需要用大量化学药剂，产生的废液直接威胁着地下水安全，危及人体健康；另外开采可能还会带来山体松动、滑坡等问题，危害群众的生活安全。

中国的稀土开采长期处于零环境成本或极少环境成本的"裸奔"状态，这主要是因为我国的稀土开发长期处于私挖滥采水平，国家对这一方面的管理并不严格，尤其是一些开采的水费成本，虽然国家开征了资源税和矿补费等税目，但税目不

涨价等于涨停

完整、征收不规范,大部分资源成本和环境没有计入稀土精矿的税费成本中。2013年8月,我国八部委曾联合发文《打击稀土开采、生产、流通环节违法违规行为专项行动方案》,打击私挖滥采稀土的行为,清理违规产能,整合产业链。政府的多项举措一并出手,将彻底整治之前稀土市场混乱的局面,既能提高稀土的开采成本,也有利于保护我国的自然环境。

4. 国家收储再次启动,去库存带动价格上涨。

虽然国储局目前尚未对稀土收储发布官方文件,但市场对收储已表现出了高涨热情。根据2014年8月国家的稀土收储计划,其收储总量为1万吨,其中计划收储氧化镨钕4000吨,氧化镝1200吨,氧化镨、氧化钕各500吨等。这样规模的收储量无疑刺激了市场敏感的神经,稀土板块龙头在两周内涨幅则达到了30%,年底稀土现货市场也出现供给紧张,价格有了小幅上涨。未来在2015年,如果再有新一轮的收储,也必将带动稀土价格较大幅度的上涨。

WTO败诉使得稀土出口关税、配额面临取消。以往以出口管制为前提的政策组合已不适用,必须转向以资源税为核心的政策组合,但由于推进稀土大集团整合、打黑阻力较大,目前提高稀土资源税火候未到,因此未来不排除国家再次启动收储的可能性。

5. 行业库存较低,价格反弹有望延续。

按照稀土行业的规矩,国内的稀土分离冶炼厂大部分在春节前都不会复工,因为稀土分离冶炼厂拥有的生产性指标严重低于其产能,在年底和年初的时候,指标已经用完或还没发放，工厂只能处于停工状态，市场处于消耗原有库存的状态。

由于近几年稀土价格持续下行，国内的中游贸易商和下游应用商都基本采取按需采购的原则，尽量不留库存；而国外的下游应用商由于预期到配额和关税政策半年内就会取消（取消后稀土价格会下降），纷纷保持低库存的状态，并尽可能把采购周期往后延迟，手中库存也相对较低，陆续有补库存的需要，因此短期现货稀土价格继续反弹的概率比较大。

在2014年底到2015年初的几个月时间里，稀土部分品种供应明显偏紧，氧化铽、氧化镝和氧化镨钕的价格分别上涨了25.9%、6.8%和3.2%，笔者认为，上述稀土品种的涨价趋势将至少持续一段时间。

6. 出口配额取消刺激海外需求恢复

2010年~2015年，我国稀土行业经历了从政策到价格的巨大变化。出于对战略资源进行可持续开发的目的，中国于2010年开始对稀土行业实施严格的开采和出口管控政策。但由于配额和高关税政策损害了美国、日本、欧洲的利益，我国政府被欧美联合起诉至WTO，并在初审和终审裁决中败诉。2015年初，我国不得不放弃出口配额制度，未来预期国外对中国稀土的采购需求大门会逐步打开。

我国也正在采取必要手段保护资源价值，防止再次出现稀缺资源低价流失海外、把环境影响留在国内（每吨中重稀土的环境恢复费用高达10万元，全生命周期实际生产成本高达20万元）的尴尬局面，再加上前面提到的环保提高中重稀土生产成本和国家预期的收储政策加码，多项叠加带来的巨大效应,催生我国稀土价格未来提价的必要性。

综上所述,我国的磁材企业2011–2013年经历过稀土原材料价格大幅波动下跌的困境已经不复存在,一旦原材料价格趋稳并有所回暖,笔者预计宁波韵升的盈利水平未来可同步向上。另外公司从2012年开始压缩存货库存,根据生产需求采购原材料,目前原材料库存保持在2–3个月的使用量水平,就算是稀土原材料价格再度下跌,对公司业绩的影响也会变得很小,公司未来的业绩确定性增强。

三、通过参股企业分析新能源汽车发展盛宴

公司近两年钕铁硼的产能一直维持在5500吨未有扩张,但原先倚重下游VCM等消费类电子近两年需求表现一般,因此公司正逐步开拓汽车等高端领域市场,来弥补消费类电子对钕铁硼潜在的需求萎缩。

1. 剥离电机业务,改善资产质量。

公司于2013年5月31日与韵升控股签订股权转让协议,将公司所持有的韵升电机75%的股权、汽车电机75%的股权、电机系统75%的股权和日兴电机79.13%的股权转让给韵升控股,本次交易标的合计金额为2.39亿元。

经过笔者仔细分析,宁波韵升转让的四家公司营业总收入合计为6.1亿元,四家公司营业总收入占公司2012年营业总收入的20.77%,四家公司实现净利润合计为759.16万元,只占2012年宁波韵升净利润的1.41%,由于公司净利润主要来自钕铁硼永磁材料业务,本次交易对公司盈利能力的影响很小。

2012年,公司的净资产收益率为16.21%;若扣除四家公司,公司的净资产收益率为17.51%,转让四家公司的股权将提高公司的净资产收益率,有利于改善上市公司资产质量,提升对股东的回报。笔者认为,公司转让四家控股公司股权,将使公司产业布局更加合理,进一步强化了公司的核心业务,做精做强钕铁硼产业,集中优势资源发展优势新兴战略性产业。

2. 拥抱新能源,发展朝阳产业。

2013年6月宁波韵升将日兴电机、韵升电机、韵升汽车电机系统、韵升汽车电机四家公司进行剥离,公司的电机业务将专注于新能源电机和小型电机。公司与上海安乃达驱动技术、北京中科易能新技术,共同出资成立的上海电驱动,是新能源驱动电机和电控的业务主体,目前公司持股比例为26.46%。

(1)参股公司市场竞争力强

上海电驱动的产品已在一汽、东风、上汽、大众、本田、宝马等国内外知名整车企业中得到广泛应用。

目前上海电驱动拥有两条柔性生产线,年产能力3万台套,产能充足,占据了国内新能源汽车电机、电控主要市场份额约的50~60%,其收入规模已从2008年百万级跨越到2013年2亿级。

一般来说,一款全新电动车车型从驱动厂商与整车厂合作约需3年左右的时间,加上路试约2年,开发周期十分长,所以现有的龙头企业在现有客户维护和新市场开拓方面拥有先发和经验的优势。电驱动目前拥有150人的研发团队,研发中心超过100多个项目在研,对应100多个车型。

涨价等于涨停

上海电驱动 2013 年销售各类车用驱动电机 1.2 万套，2014 年上半年已达到 2013 年全年的销量，全年预计实现约 2 万套的产销量，按 2014 年 7~8 万辆的国内新能源车销售预期看，市占率将超过 25%，是当之无愧的龙头企业。上海电驱动 2013 年实现营收约 2 亿元，净利润 0.03 亿元；2014 年一季度受益于电动车市场起步，收入已超过 2.6 亿元，净利润 4930 万元，预计 2014 年全年实现 6 亿元左右的收入，净利润超过 1 亿元，2015 年净利有望进一步增长至 2.5 亿元。

宁波韵升作为既从事电机上游钕铁硼永磁材料的生产，又参股生产电机和电控的企业，将充分受益于新能源汽车行业发展的盛宴。

（2）新增产能应对新能源汽车大发展

与传统汽车相比，新能源汽车在结构上增加了电池、电机、电控系统等组件，电池、电机和电控理所当然成为了新能源汽车发展的关键因素。

目前新能源汽车主要采用的交流电机主要包括交流异步电机、永磁电机和开关磁阻电机，其中异步电机主要用在纯电动汽车，永磁同步电机主要用在混动汽车，开关磁阻电机主要用在客车中，从经济性及性能考虑，由于永磁同步电机具高效、高功率密度的性能优势，因此目前混动轿车中基本采用永磁同步电机，且为新能源汽车的发展方向，预计未来新能源汽车电机永磁化的趋势将越来越明显。

从市场格局来看，新能源汽车电机市场同时存在三类企业，分别是具有传统整车及其零部件生产经验的汽车企业、具有其他领域电机生产经验的企业、专门针对电动车成立的电机企业,这三类企业各有优劣,特征各异,由于第三类企业业务单一且专注,随新能源汽车销量的变化业绩弹性最高,最受市场所追捧,公司参股的上海电驱动股份有限公司即属于第三类电机企业。

为了迎接新能源车行业的爆发,合资公司的电驱动业务新搬迁至上海嘉定厂区,原本位于闵行区的 5 万套产能亦移至新厂。嘉定一期拥有 10 万台产能,2014 年底即具达产的能力,二期规划 5~8 万台产能,预计 2015、2016 年建成。虽然电驱动目前产能利用率较低,但未来新能源车上量速度预计将十分快速,充足的产能储备有利于公司及时抢占客户和市场。

四、股权激励彰显管理层信心,2015 年望迎来盈利拐点

2015 年 1 月 10 日,宁波韵升发布股票激励计划,拟授予的限制性股票数量为 2200 万股,占公司股本总额的 4.28%。限制性股票价格为 8.43 元 / 股,首次授予业绩考核目标是以 2014 年净利润为基数,2015、2016、2017 年的净利润增长率不低于 40%、50%、60%,且 ROE 不得低于 9%。公司对于股权激励酝酿已久,此次达成目标成功概率较大。

公司长期以来受困于激励机制,员工生产积极性不高,市场开拓不如行业竞争对手。2006 年公司曾提出若 2006~2008 年三年,扣除非净利润比 2005 年增长超过 100%,公司将推行股权激励机制,后因 2008 年全球经济危机未能成行。而此次股权激励覆盖企业高管、技术骨干等多达 156 人,占授予股本

的73.82%，成功理顺了激励机制，将公司成长与员工利益绑定在一起，有效激活了公司员工的主观能动性。预计公司未来在市场开拓、项目运作等方面将积极而为，从内生和外延两个角度力促公司业绩持续增长，2015年迎来公司业绩拐点有望是大概率事件。

综上所述，宁波韵升在逐步剥离了盈利水平较低的电机业务以后，正在强化新材料领域，做大做强钕铁硼永磁材料业务，市场普遍对2015年稀土价格持续反弹持乐观态度，这将对公司的业绩形成利好。

公司参与了新能源电机业务，与时俱进地开拓新能源汽车市场，已经取得了很大的成效，未来随着我国新能源汽车产业布局的逐步完善，新能源汽车的数据将不断增加，拉动新能源电机业务的增长。

另外公司2014年初的股权激励计划将逐步在2015年得到落实，公司业绩在2015年增长的确定性很强，综合各方观点，笔者给予"买入"评级。

· T3航站楼+二跑道：深圳机场被压抑需求大释放 ·

新闻源头

  2015年元旦假期刚过，深圳当地的多家媒体不约而同地发布了一条本地航空业的消息：2014年深圳机场旅客吞吐量达到3627.25万人次，同比净增约400万人次，增长率达到12.4%，超额完成预算指标。货邮吞吐量96.38万吨，航班起降28.63万架次，三大指标同比均创历史新高。

  对于这样的数据，市场普遍给予了预期之中的解读，因为2013年深圳机场新的T3航站楼正式启用，新的航站楼内部面积45.1万平方米，是A、B号候机楼总面积的两倍还多，设计

涨价等于涨停

的年旅客吞吐量可达 4500 万人次，货邮吞吐量 240 万吨，这标志着深圳机场从此真正步入"大航站区、大飞行区"运营的时代。

小左解读

小左年初曾出差到深圳，见识到了深圳 T3 航站楼的大，真的很大。因此对于深圳机场 2014 年旅客吞吐量 3627 万人次的消息，小左是一点也不吃惊，因为压抑多年的需求量一直没有得到满足，现在终于有地方施展空间了，客流增长是再正常不过的事情了。而且小左认为，未来深圳机场的客流还会持续爆发，如果深圳机场不尽快改造升级原来的 A、B 航站楼，估计新的 T3 建成不到 3 年就超过设计吞吐量了。

全面解析

深圳机场位于珠江口东岸的滨海平原上，是中国境内唯一集海、陆、空联运为一体的现代化国际空港，也是中国境内第一个采用过境运输方式的国际机场。

2014 年是深圳机场新航站楼启用后的第一个完整年份，随着空地资源较以往得到改善，公司的航空主业表现出了良好的发展势头。深圳机场优化航班效率，开通了北行离港分流航线，航班从"四进五出"增加至"五进六出"，在优化深圳乃至珠三角地区空域环境的同时，提高了双跑道运行效率和航班正常率,根据统计显示,深圳机场 2014 年共保障飞机起降 28.63 万架次,同比增长 11.2%,2014 年旅客吞吐量达到 3627.25 万人次。

一、新航站楼释放被压抑多年的刚需

深圳机场未来到底能吸引多大的客流,笔者也不知道,但是笔者想用一组数据说明它曾经被压抑的客流:根据深圳机场历史上的客流量来看,2003 年旅客吞吐量突破 1000 万人次,2007 年机场旅客吞吐量突破 2000 万大关,2013 年突破了 3000 万大关,2014 年旅客吞吐量已经达到了 3600 万,4000 万人次已经近在咫尺。

笔者认为,深圳机场旅客吞吐量从 2000 万到 3000 万,之所以用了 6 年时间,主要是深圳机场受困于产能瓶颈,当新的 T3 航站楼投入使用后,客流迅速增加,预期从 3000 万到 4000 万客流的时间,应该是上一个 1000 万的一半时间,也就是新建的 T3 航站楼随时都面临着饱和的局面,同时也说明深圳机场被压抑多年的客流终于得到了释放,未来客流的增长不可小视。

1. 新航站楼和二跑道投入使用突破产能瓶颈

深圳机场在 2006 年就已经超过当时的设计年吞吐量,2010 年超过极限吞吐量,2012 年旅客吞吐量达 2878 万人次,产能利用率达 174%,极限产能利用率达 120%。

长期以来,机场的航站楼和跑道等资源一直是深圳机场的发展瓶颈。第二跑道 2011 年 7 月启用,新航站区 T3 于 2013 年 11 月 28 日启用后,其宽大的体量可以保障年旅客吞吐量4500万人次和货邮吞吐量240万吨的业务量。

第二跑道和T3航站楼的投入使用,使航班时刻资源得到有效提升,长期以来制约深圳机场发展的瓶颈得到有效解决,满足了深圳机场航空主业快速增长的要求,也必将为非航业务带来广阔的增量空间。2014年深圳机场的客运吞吐量已经超出年初的预计数据,说明市场对新航站楼的认同度已经开始显现。

2. 深圳机场受益广州、香港机场饱和的需求溢出。

全球各国除了个别特大城市拥有两个机场外,一般一个城市仅有一个机场。考虑到机场对其辐射范围内的航空需求具有较强的垄断性,对时间敏感的商务旅客几乎都会选择当地机场,但是部分价格敏感的休闲旅客在临近机场差价较大时有可能选择非本地机场,因而机场在一定区域内垄断的特征明显。这一点长三角地区的虹桥机场优势就比较明显,因其位于长三角的高铁枢纽旁边,换乘方便,虹桥机场就经常凭借低价机票优势,让长三角的人乘坐高铁来上海转乘飞机,增加客流量。

深圳机场也存在这样的优势,目前其主要客源除了深圳附近的人以外,主要是来自珠江三角洲和我国香港等地区。2013年11月启用的新T3航站楼,设计接待客流量4500万人次,极限接待能力6000万人次,而2014年深圳机场客流吞吐量为3627万人次,离极限接待能力尚有一定空间,机场有充分的能力去吸纳大客流。目前深圳机场两条跑道高峰小时时刻极限为60架次,目前仅为46架次。因而无论是跑道还是航站楼，目前深圳机场拥有较为富裕的产能。

近年来深圳机场的旅客量占比逐步扩大，一定程度上开始抢占临近机场的市场份额，这也是深圳机场面临的一大外部机遇——区域航空需求溢出。目前珠三角周边的大机场如广州新白云机场、香港机场的吞吐量已经趋于饱和，未来几年旅客增速会相应放缓。

新白云机场目前拥有一个航站楼和两条跑道，现有机场设施是按照 2500 万人次客流量规划设计的，但 2014 年机场客流吞吐量已经达到 5479 万人次，白云机场第三跑道已经在 2015 年 2 月正式启用，预计高峰小时航班的起降架次将提升 40%。但是目前白云机场航站楼的接待量远远超出其设计能力，第二航站楼为了配合城际轨道交通的设计同步施工，预计到 2018 年才能建成投入使用，因此广州机场的过饱和状态还将会持续几年；香港机场第三跑道环评通过，预计 2023 年启用。香港赤鱲角机场的情况也不乐观：现有机场设施是按照 5000 万客流量规划设计的，而 2014 年香港机场客流吞吐量已经超过了 6000 万人次。虽然特区政府已经批准扩建第三跑道，但是建成也在 8 年以后了，短期仍将忍受客流膨胀的困扰。

深圳机场地缘优势明显，新航站楼的承载能力相对较大，在新白云机场和香港机场新航站楼和跑道未建成之前，深圳机场自然会成为客运货运"分流"的最佳选择，如果能趁此培育成自己的成熟客流的话，未来深圳机场的客货运吞吐量有望继续大幅攀升。

3. 粤港澳自贸区带来增量航空需求

T3航站楼和二跑道投入使用,深圳机场将突破长期来的产能瓶颈,航空业务增速提升也明显释放:2014年深圳机场全年实现起降架次286300次,同比增加11.3%,增幅为近五年来最高,日均起降架次达784.4次;全年旅客吞吐量达3627.08万人次,同比增加12.4%,增幅近五年最高,日均旅客数达99372人;全年实现货邮吞吐量961300吨,同比增加5.4%。2014年下半年,深圳机场第四季度的客运和起降架次增长率甚至突破了15%,2015年这一数据将继续快速增长。

2015年1月6日,李克强总理新年首访广东,肯定了广东从世界工厂到世界级中国企业总部基地的成功转型,并且伴随粤港澳自贸区获批将注入新的发展活力,航空需求有望维持两位数增长,同时深圳机场作为珠三角地区唯一产能富余的大型枢纽机场,将受益区域航空需求的溢出。

2014年12月广东粤港澳自由贸易园区获批,该园区覆盖中国经济最发达的广东、香港、澳门三个省区,并拥有南沙、前海和横琴三大平台。自贸区旨在加强港澳与珠三角的联系,通过自贸区实现区域经济整合,充分发挥规模优势、范围优势,并将合作延伸至珠三角和华南地区,粤港澳自贸区的建设,无疑会给珠三角经济圈注入新的发展活力。

对于深圳机场而言,自贸区的建设将带来新的机遇。由于自贸区的定位是"对内经济整合",这势必会大幅增加珠三角地区内部的资源循环。就航空业而言,一方面,客运和货运的数量会大幅增加;另一方面,客运和货运的周转率相应提高。

深圳市作为珠三角最重要的城市之一,将继续受益增量航空需求。

4. 硬件供给持续放量,为客流增长创造条件。

目前深圳机场两条跑道高峰小时起降架次的上限是 60 架次,较目前的 46 架次有 30.4% 的提升空间,预计 2015 年增加到 50 个架次以上应该是大概率事件。由于在航站楼投产初期,民航局增加航班是阶段性的,伴随深圳机场 T3 航站楼产能利用率的攀升和时刻资源的陆续释放,深圳机场的航空业务未来几年保持 10% 以上的高增速应该是确定的。

5. 2014 年业绩亏损大可不必担心

所谓成也萧何败也萧何,深圳机场新的 T3 航站楼在 2014 年收获了更多的客流,但是也带来了成本的上升。由于深圳机场启用 T3 新航站楼运营后,经营场所面积大幅扩大,折旧费用及运营成本等大幅增长,T3 启用后在建工程转入固定资产 59.27 亿元,预计每年新增折旧接近 3 亿元,相关租赁费用 1.6 亿元(T3 飞行区站坪、停机坪及一跑道滑行道年租金 1.2 亿元,T3 航站区、飞行区及东航站区相关土地年租金为 0.42 亿元),但是笔者认为,在任何地方的新机场和跑道建成时都会遇到这样短期成本上升的问题,这在未来不会成为公司盈利的障碍。

机场的产能投放呈现较强的超前性和离散型特征,这也是机场行业盈利出现周期性(收入稳步增长,但成本阶梯式增长)的根本原因。上海浦东机场二期工程(T2 航站楼、第三跑道)于 2008 年 3 月正式投入使用,并于同年由在建工程转为

涨价等于涨停

固定资产95.4亿,从而增加了大量折旧、人工成本及其他运营成本,导致08-09年上海机场的净利率大幅下滑,但是伴随上海机场航站楼和跑道的产能利用率的不断提升,收入端的杠杆效应开始显现,净利率在2010年开始快速攀升。

从2013年4季度以来深圳机场净利率水平来看,2014年3季度已经出现环比改善,而由于2013年4季度本身基数就很低,2014年4季度的环比仍将改善,每股收益降幅将大幅收窄。而由于产能利用率的不断攀升,收入端提升对于业绩的高弹性将逐步体现,2015~2016年业绩大幅改善是确定性的。

深圳机场在经历了2014年的消化期以后,伴随产能利用率的攀升和时刻资源的陆续释放,2015年深圳机场已处在产能爬升、业绩大幅回升的最优周期起点,这对公司股价形成了重要支撑。

二、非航业务收益有望大幅提升

深圳机场T3航站楼的设计要求,是保障年旅客吞吐量4500万人次和货邮吞吐量240万吨的业务量,新航站楼投入使用也标志着深圳机场从此步入了"大航站区、大飞行区"的运营时代。

机场作为城市重要公共基础设施,除了加强航空业务的大发展,也为非航业务带来了广阔的增值空间。深圳机场新的T3航站楼建筑面积45万平方米,商业面积2.6万平米,是原来两个航站楼商业面积的2倍,经过运营一年多来的招标和磨合,目前楼内的商业设施已经投入运营,未来这些非航收入仍有较大提升空间。

1. 与雅仕维广告合资公司经营已步入正轨

从深圳机场的财务报表上看,2014年上半年公司在广告业务实现营业收入1.12亿,同比增长14.15%,而毛利率达到了92.3%,毛利水平远远高于其他业务。笔者认为任何管理层看到这样高的毛利,都会动心,增加这一领域的投入以获得高产出,2014年上半年公司广告业务的毛利润为1.04亿元,同比增长18.16%,笔者认为2015年,随着深圳机场商业开发更加成熟,公司在广告收入上应该会有新的惊喜。

目前深圳机场与雅仕维广告的合资公司,已完成经营和销售团队的合并组建,广告销售与公司经营步入正轨;合资公司将以一定期限为区间,向机场广告公司支付广告经营费(其中2013年广告保底金额为1.84亿元、2014年为2.26亿元、2015年为2.49亿元;2016年的保底金额,将根据合资公司实际经营状况由双方再行协商确定)。

公司通过引入市场化经营机制,整合合作伙伴市场资源,有利于逐步做强、做大机场广告业务板块,使得公司利益得到最大保障。

2. 原有A、B航站楼启用商用,未来增加稳定收益。

深圳机场T3新航站区于2013年11月正式启用后,原有17万平方米的A、B航站楼暂停使用,但其地理位置优越,紧邻着多条高速公路,蕴含巨大的商机。

深圳机场一直在研究A、B航站的功能定位和商业转型的发展机会,希望转型以后既能适应深圳机场主业的长远发展,又能够充分实现 A、B 航站楼的资产价值,同时也有利于带动周边城区的消费和产业升级。

2014 年 12 月,深圳机场选定深圳市前海正宏汽车科技发展投资有限公司的方案"深圳国际车窗"作为中选方案,前海正宏为中选承租人,前海正宏是一家立足于汽车 O2O 领域的专业公司,主要经营汽车销售、汽车科技文化交流推广、电子产品、汽车配件的技术开发与销售。

"深圳国际车窗"项目是集聚国内外顶级汽车品牌,依托 A/B 航站楼线下展示和体验平台,融合线上整车及汽车后市场交易为核心商业模式的 O2O 空港汽车综合体。项目以国际国内高端汽车品牌的展示和体验、新车和概念车发布建立项目品牌优势;以新车测试、品牌试乘试驾、交通公益体验、汽车文化互动等动态体验打造项目的体验附加价值;以汽车及汽车后市场的 O2O 商业模式形成项目盈利能力。根据项目规划和实际进展程度,预计 2016 年 1~2 季度,A、B 航站楼改造完成并开始投入使用,项目成熟后,预计每年可贡献 7000 万元左右的利润。

三、价格改革如火如荼,机场收费改革亟待突破

2014 年 11 月下旬以来,国家发改委同有关部门先后印发了 8 个文件,放开 24 项商品和服务价格,下放 1 项定价权限。其中交通运输领域放开 4 项具备竞争条件的铁路运输价格(铁路散货快运、铁路包裹运输价格,以及社会资本投资控股新建铁路的货物运价、客运专线旅客票价),放开国内民航货运价格和部分民航客运价格、放开港口竞争性服务收费(港口劳务性

收费和船舶供应服务收费均由政府指导价、政府定价统一改为市场调节）。

作为交通运输公用设施的重要组成部分的机场收费主体，还是沿用2007年159号文《民用机场收费改革方案》。该方案将机场的收费项目分为航空性业务收费、非航空性业务重要收费和非航空性业务其他收费。其中航空性业务收费是政府严格定价（按政府制定的基准价和规定的下浮幅度执行），非航空性业务重要收费实行政府制定基准价+下浮幅度自行协商，非航空性业务其他收费原则上以市场调节价为主。

目前国内二三类机场普遍亏损（约150个年客流量在1000万人次以下的小机场都是亏损的），而一类枢纽机场收费远低于国际平均水平，国内机场并未反映其合理的回报水平，收费改革亟待突破，而深圳机场利润基数低，若提价，其利润弹性巨大。

我国机场收费占机票成本的比重低，机场的收费面向下游的航空公司，目前机场相关起降收费占航空公司主营成本一般仅在10%–15%左右，但航空公司可以通过票价向旅客传导。2015年航空公司大概率业绩大幅改善，机场收费提价的阻力是相对较低的，是可能的提价窗口期。

四、航空物流继续释放能量

翻开深圳机场的年报，可以很清晰地看到机场的物流业务毛利高，占主营收入的比重也不小，占到四分之一，但是这一现状有望随着新航站楼和跑道的成熟使用而得到改变。

其实早在2010年，深圳市政府就大力引进重大航空物流

涨价等于涨停

项目,特别是当年UPS(中文"美国联合包裹运送服务公司")亚太转运中心落户宝安国际机场,对推动深圳现代化物流业发展,拉动深圳机场国际货运业务量的增长起到了至关重要的作用,后来随着越来越多的物流巨头落户深圳机场,机场容量小与货运量大的矛盾就爆发出来,但是这样的局面在最近一年已经有了很大的改观。

2014年前三季度,深圳机场总货邮吞吐量为70.34万吨,国内航线货量53.73万吨,平稳增长,可统计快件量增长超过10%,全部航空快件占货邮总量的比例达到60%左右。国际快递四大巨头UPS、FedEX、DHL、TNT全部入驻深圳机场运作。笔者认为,国际快递巨头已经入驻,机场产能也空出来了,接下来提高货邮量也就成为顺理成章的事情了。

1. 深圳机场前三季快件量增长逾10%

深圳地处珠三角地区中心,是重要的国际金融中心、高科技中心、国际物流城市和旅游购物中心。随着最近多年电子商务的迅猛崛起,深圳机场实行了与区域其他机场差异化的特色定位,将航空快件作为货运发展重点,实施了"快件集散中心战略",通过完善的空中运输网络、较为充足的运力资源和相应的配套设施,使得深圳机场航空货运业务保持平稳发展态势。

目前,深圳机场共有UPS、顺丰航空、邮政航空等8家全货机航空公司运营,开通了国内外货运航线39条,全货机通航国际城市12个,国际快递四大巨头UPS、FedEX、DHL、TNT全部入驻深圳机场运作,相信在2015年货运量会继续大幅增加。

2. 保税物流成一大特色

保税物流是深圳机场着力打造的又一货运特色业务。深圳机场保税物流中心占地 11 万平方米,主要服务功能包括国际物流配送、进口贸易和转口贸易、流通性简单加工和增值服务等。

深圳机场保税物流中心具有 365 天 24 小时货物通关操作、5 分钟之内可到达主交通网络、30 分钟可到达公路口岸以及使用跨境快速通关模式,实现与我国香港地区之间货物的快速流转,还可以组合空、陆、海不同的运输方式,构建多元化的服务体系。

目前,深圳机场保税物流中心正在扩大作业区域,增加服务保障功能,以通过转型升级来建设深圳西部的高端物流产业。

3. 深圳机场老航站楼全球招租

深圳机场在深圳联交所正式发布公告,对老航站楼(原 A、B 航站楼)物业进行全球公开招租。根据公告内容,本次招租的范围涉及原 A、B 航站楼楼体及停车场,总面积约为 21.2 万平方米,出租年限为 15 年。项目定位为"城市特色商业综合体"。

深圳机场航班高峰小时容量由 42 架次增加至 46 架次,高峰时间段每 80 秒就可以起降一个航班,为货运航线的拓展突破了"瓶颈"。同时两岸民航主管部门在台湾举行的两岸航空运输第十次沟通工作会议上,已明确将新增深圳机场为两

涨价等于涨停

岸定期货运航点,每方每周可各安排 5 个往返航班,这将为深圳机场货运发展注入新的增长动力。

综上所述,深圳机场在新的 T3 航站楼建成以后,客运和货运产能均得到了极大的释放空间,而深圳周边经济发达带来的人流和物流、自贸区建设如火如荼,将助推机场客货运吞吐量再创历史新高。

深圳机场航站楼和跑道等硬件能够增加客货运量的同时,机场新增的巨大空间也让商业开发更加容易,机场广告的高毛利和老航站楼的开发使用,都让深圳机场的非航业务值得市场期待。

基于以上的分析,笔者认为深圳机场在 2015 年的业绩会有明显的提升,因此给予"买入"的评级。

·天通股份"搭界"蓝宝石屏释放巨量产能让人浮想·

新闻源头

2014年初,多家媒体都刊发了"iPhone6样机生产,蓝宝石玻璃屏成新亮点"等消息,大家普遍预测,如果首次用上蓝宝石玻璃的iPhone6量产上市,必将对蓝宝石产业带来新的机遇。

资本市场向来是闻风而动,虽然国内A股公司尚没有为苹果蓝宝石屏幕配套的公司,但蓝宝石概念显然已被市场挖掘,尤其是以龙头天通股份涨势最为突出。市场普遍预期在苹果大规模运用的示范效应下,一旦其他消费电子产品巨头更多使用蓝宝石材料,作为蓝宝石晶体制造企业的天通股份必

涨价等于涨停

将最大受益。

但是到了2014年下半年风云突变,随着苹果宣布暂不在iPhone6上使用蓝宝石屏,以及蓝宝石屏的签约供应商GTAT破产,市场的疯狂炒作被泼了一盆冷水。短期来看,鉴于蓝宝石材料供应量有限,苹果不可能一下子在iWatch、iPhone上面全部采用蓝宝石材料。如果未来苹果全产品全部能实现蓝宝石屏全覆盖,或将推动智能设备蓝宝石浪潮的到来,未来蓝宝石的爆发式增长可期。

小左解读

根据小左的了解,目前还没有哪个手机屏幕或者智能手表,大批量使用蓝宝石材料,之所以出现这样的局面,技术和成本并非主因,真正困扰蓝宝石屏幕量产的最大问题,是全球的蓝宝石产能远远跟不上市场的需求。我们以苹果手机为例,假设2015年苹果手机出货量2.3亿部,分别假设蓝宝石使用率20%、50%、80%、100%,简单推算可得,假设苹果手机屏幕全部采用蓝宝石,则仅仅屏幕这块需求就相当于2013年全球蓝宝石产量的7倍。

如果考虑其他智能手机和手表的学习效应,则蓝宝石需求将更大。即便不考虑显示屏使用蓝宝石,仅仅按照目前使用于镜头及Home键,如果按照苹果镜头保护盖使用0.025片2英寸蓝宝石衬底,Home键使用0.1片2英寸蓝宝石衬底来计算,假设一定的使用渗透率,这将拉动2英寸蓝宝石衬底约

3700万片，约相当于目前国内总产量的一半以上，2013年全球产量的30%。

因此笔者判断，蓝宝石没有大规模应用的原因是在于产能不足，不少企业已经开始扩大蓝宝石生产线，以应对未来可能存在的大量需求。比如今天笔者想要推出的天通股份，在2014年就通过定向增发募集资金，用于智能移动终端应用的大尺寸蓝宝石晶片项目。

全面解析

一、蓝宝石业务是公司未来业务最大看点

2015初东方证券举办的"蓝耀2015–东方证券蓝宝石全产业链研讨会"上透出来的最新消息是，2015年将是蓝宝石屏幕应用的"元年"，未来随着苹果AppleWatch、IPhone7等产品的推出，市场的跟风效应不可小觑，行业其他手机厂商也将纷纷推出自己的蓝宝石屏幕，市场对蓝宝石长晶炉需求量将会大增。目前除了推出蓝宝石屏幕手机的华为及步步高等厂商外，小米、LG和HTC也计划推出或者已经推出自己的蓝宝石手机。

未来蓝宝石屏幕手机将会在"指纹识别"、"太阳能充电"以及"无线充电"等领域取得实质性突破。如果按照金属机壳的类比，3年后蓝宝石盖板渗透率可能达到20%以上，对应5亿部手机；未来大规模的需求将在智能手表、摄像头、Home键，甚至潜在的平板电脑市场开启，如果按照大尺寸蓝宝石晶

涨价等于涨停

片平均单价约 200~300 元来简单推算,未来市场的总额或将达到千亿级别。

1. 国产蓝宝石材料供应商的春天来了

虽然我国的蓝宝石企业尚未实现量产,但是这并不影响相关企业在资本市场上受到追捧,以天通股份为例,公司最近一年的股价走势,与蓝宝石题材的冷热紧密相连,2014 年 6 月公司发布定增计划开辟蓝宝石业务,股价随即开始上涨,后来苹果 iPhone6 放弃使用蓝宝石屏幕,股价一路下跌。

如果说我国关于蓝宝石屏幕的故事更多发生在资本市场的话,那么在大洋对岸苹果公司的大本营美国,则直接发生了蓝宝石屏幕生产商破产的事情,这虽然对全球的蓝宝石屏幕供给是一个坏事,但对于旨在实现进口替代的国内企业来说无疑是个良机。

2014 年 10 月 6 日,苹果公司蓝宝石屏幕供应商——美国的 GTAT 公司正式宣布破产保护,但关于其为何破产,因为保密原因一直未向公众透露。笔者在此试图通过已有的公开信息,对 GTAT 破产保护的前因后果进行还原,以此判断这家企业的破产对中国的企业而言到底是福还是祸。

GTAT 公司曾经是全球多晶硅铸锭炉的霸主,但光伏市场的下滑令 GTAT 也无法独善其身,虽然 2012 年下半年公司开始发行 4 亿多美元可转债,但仍陷入破产边缘,因此希望通过与苹果的合作扭转这一局面。

2013 年 GTAT 公司与苹果签订了 5.78 亿美元的合作协议,由于公司在光伏业务上亏损严重,因此 GTAT 孤注一掷与苹果公司签订了不对等协议，GTAT只能供给苹果产品，但苹果没有义务购买GTAT的产品——这是保密协议，如果违约，GTAT需要支付给苹果5000万美元的违约金。

而苹果与GTAT约定，提供给GTAT大约5.78亿美元的预付款，建立亚利桑那工厂，并要求GTAT公司从2015年开始的5年内逐步还清。

这一切看起来前景非常美好，如果顺利的话，GTAT一方面可以利用苹果的支持解决财务问题，还可以利用自己的蓝宝石长晶炉延伸到下游的长晶环节，成为苹果的独家供应商，至于苹果的预付款，完全可以通过给苹果供货的利润来返还。直到2014年8月，一切看起来很美好：苹果公司分别按照约定分三次给了GTAT公司4.39亿美元，最后一笔1.39亿美元约定在工厂正常运营后于10月底交付，但是在毫无征兆的情况下，公司突然宣布破产。

对于GATA公司破产的原因，笔者归结出以下几点：

1. GATA的产品良率上不去，120kg及以上的晶锭良率只有7-8%，这还只是从长晶到掏棒环节的良率，应该说其基于铸锭炉的技术路线，决定了热交换法长晶炉晶格结构缺陷率高，即使气泡、杂质、颜色等问题解决了，但晶格结构仍使之在大尺寸领域应用的时候强度不足，掏棒容易出现破损、碎裂，这也是后段跌落测试难以通过的原因；

2. 良率低的结果就是量上不去、成本低不下来，产能根本无法满足苹果的需要，而且热交换法每炉坩埚都要敲碎，一旦良率低，成本高得吓人，七成左右良率每片成本在40多美元，

涨价等于涨停

一半甚至 10% 的良率下成本可想而知,苹果没在 iPhone6 上搭载蓝宝石盖板也是顺理成章的事情。

3. GTAT 公司在花费了大笔资金改进技术,进行产线调配后,现金流迅速耗尽,原本期待苹果最后一笔 1.39 亿美元继续维持运营,但在运营不达标的情况下,苹果拒绝支付,截至 2014 年 9 月底,GTAT 有 8500 万美元的现金,但身负 13 亿美元负债(总资产 15 亿),财务成本和亚利桑那州工厂每天 100 万美元的运营成本令 GTAT 不堪重负。

4. GTAT 还要应付鑫晶钻的 2400 万美元的追偿——鑫晶钻采购的蓝宝石长晶炉未能达到预定要求,向 GTAT 索赔 2400 万美元获得胜诉,而且 GTAT 这几年出售的蓝宝石长晶炉大部分难以达标,包括给大陆贵州皓天、上城科技等 5 家厂商的数百台。

笔者之所以分析 GATA 公司破产的原因,主要还是希望能够从其破产的原因中总结出经验和教训。笔者认为,公司的蓝宝石屏幕虽然因为成本和技术等原因未能获得苹果 iPhone6 的认可,给蓝宝石应用蒙上了一层阴影,但这恰恰说明未来蓝宝石产品的成功开发,对于相关公司和行业的重要性。

目前最大的障碍是在于难以大规模量产——热交换法良率太低、KY 法也产能不足。如果一个公司的蓝宝石屏幕技术成熟、成本足够低的话,苹果公司没有不使用的理由,行业留存下来的公司,哪个能率先实现突破,它就能抢夺下蓝宝石屏幕市场的巨大蛋糕。

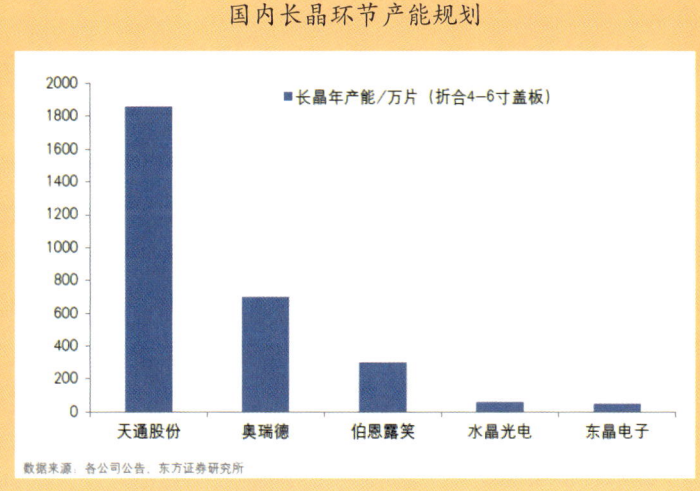

目前全球蓝宝石扩产厂商主要集中在国内的天通股份、奥瑞德、伯恩露笑、水晶光电等,在资本市场上公司股价也多次受到蓝宝石题材的炒作,股价波动明显。其中天通股份扩产计划就达到 1860 万片,在全球仅次于 GTAT,GTAT 破产后它已是全球最大,因此未来潜在巨大的行业发展机会。

2. 定增加强公司在蓝宝石领域的实力

2014 年 6 月 27 日,天通股份公布非公开发行股票预案,募集资金总额预计不超过 20 亿元,拟投入智能移动终端应用大尺寸蓝宝石晶片投资项目,生产蓝宝石晶体、晶片以及相关窗口材料产品。其中智能移动终端应用大尺寸蓝宝石晶体项目(银川)投资额 109114 万元,拟使用募集资金 60000 万元;智能移动终端应用大尺寸蓝宝石晶片项目(海宁)投资额

143552万元,拟使用募集资金140000万元。

上述项目将配置先进的生产设备,部分核心装备例如长晶炉等将由公司自己设计和生产。此次募集资金投资蓝宝石晶体材料,将为我国蓝宝石晶体材料上游产品提供更加广阔的发展空间,也为蓝宝石晶体材料的下游产品提供更加完美的配套产品。

天通股份发布定向增发的公告时间是2014年6月底,如果读者是苹果手机的忠实用户的话,就会知道市场上一直在疯传苹果iPhone6或将使用蓝宝石材料作为屏幕或者某个部件,而根据惯例,苹果新款手机上市的时间一般是当年9月份,而实际上苹果iPhone6的上市时间是2014年的9月19号。

从天通股份发布定增蓝宝石项目的公告到苹果iPhone6上市,这中间大约有将近3个月的时间。天通股份发布的定增公告,让市场浮想联翩,如果新发布的iPhone6最终确定用蓝宝石屏,无疑对公司股价是重大利好,因此冲着这种良好的预期,天通股份在公告发布后出现了一字板涨停。但最终新款苹果iPhone6出来,并没有采用传说中的蓝宝石屏幕,广大果粉失望的同时,更让资本市场剧烈震荡,没有惊喜的天通股份股价应声落地,从12元一路下跌至9元附近,跌幅超过20%,但资本市场的短期波动,并不能反映企业的实际情况。

3. 技术突破瓶颈,成本下降将成趋势。

困扰蓝宝石玻璃大规模应用的难题,除了长晶环节成本高企外,最大的技术难题就是屏幕后道加工合格率较低。蓝宝石晶向的特性以及高硬度使其加工非常困难,同时,由于蓝宝石屏幕应用属于新兴产业，前期无专用加工设备，行业内公司基本上采用玻璃加工设备，这导致设备的匹配性差，是造成产品合格率较低的主要原因。但从长期来看，只要存有新领域应用的可能，新材料生产的工艺、技术、成本等问题都会随着时间的迁移而被逐步消化。

根据2015年初"东方证券蓝宝石全产业链研讨会"上透露出来的最新消息称，目前行业内的相关技术已经成熟，加工的合格率已经达到80%左右，行业内龙头公司的产业化条件已经具备，而且未来随着蓝宝石的生产、加工技术越来越成熟，成本大大下降，更多的低端手机或将逐步使用蓝宝石屏，蓝宝石材料将会迎来爆发性增长的需求机遇。

天通股份近几年在科研人员和生产人员的共同努力下，通过引进、吸收、消化、再创新，率先实现90kg级量产和150kg级晶体试产，拥有技术、品质双领先的核心竞争力。虽然美国蓝宝石供应商GTAT倒下，但是智能终端应用蓝宝石材料是大势所趋，公司在此领域拥有核心竞争力，笔者认为未来蓝宝石业务对提升公司整体盈利能力有很大的积极作用。

4. iPhone7用蓝宝石屏可能性大

2014年9月，苹果并未在iPhone6上采用蓝宝石显示屏，不过其并未"死心"。目前根据笔者了解到的消息，富士康将有可能为苹果生产用于iPhone手机的蓝宝石屏幕。为了满足iPhone的显示屏供应需求，苹果需要3000个165公斤的蓝宝石生产熔炉，或200个262公斤的生产熔炉。

虽然苹果的代工厂富士康没有任何生产人造蓝宝石的经

验,但却对蓝宝石材料很感兴趣。富士康一直在积极申请各种与蓝宝石相关的专利。目前,其拥有的蓝宝石专利包括配备蓝宝石的 LCD 屏幕、保护性蓝宝石屏幕、蓝宝石培养方法以及激光切割蓝宝石材料等。富士康已经购买了大量蓝宝石种植熔炉,准备扩充蓝宝石供应链。

如果苹果希望在下一代 iPhone 上全部采用蓝宝石,市场容量或将增加 7 倍,而且苹果带来的跟风效应不可小觑,市场对蓝宝石长晶炉的需求量将会大增。除了富士康以外,不排除有国内的其他企业也为其提供蓝宝石原材料,而作为国内蓝宝石产业龙头的天通股份,或将收获移动终端蓝宝石屏幕的巨大市场。

5. 国产手机的蓝宝石梦能实现弯道超车吗?

全球技术的每一次革新,都会面临行业的重新洗牌。过去 10 年,触屏手机的横空出世让诺基亚、摩托罗拉等手机品牌退出了市场行列,如今手机触摸屏幕正在经历新旧换代时期,不排除手机生产商再次洗牌的可能性。

全球智能手机的领头羊苹果公司,没有在旗下最新的 iPhone6 上使用蓝宝石屏幕,倒是国内的手机厂商看到了新亮点,对此已经跃跃欲试。国内已经有华为、Vivo、Oppo 等厂商试水蓝宝石手机盖板,反响不错,蓝宝石版本的华为 P7,业内首款搭载蓝宝石屏的 4G 手机一度出现脱销,而 Vivox5 蓝宝石版本售价 2998 元,仅比普通版贵 500 元,价格极具诱惑力。

2014 年底,根据韩国媒体的消息称,中国智能手机制造商小米已经接触韩国生产商,要求为其一款限量版高端智能手机生产蓝宝石玻璃,据传小米已经为 5 万台智能手机预订蓝宝石玻璃。另外来自我国台湾地区的消息也称,小米正在寻求蓝宝石玻璃的提供商,用于其下一代的旗舰产品小米 5,小米 5 可能会在 5.7 寸屏幕上使用蓝宝石玻璃保护层。

目前国内能生产蓝宝石屏的企业并不多,由于 5 寸左右的蓝宝石保护屏幕,需要 75kg 以上蓝宝石晶锭生产技术,而国内除天通股份外,掌握超过 75 公斤以上长晶技术的厂家并不多。天通股份恰恰具备这项技术,并拥有批量生产能力,由此也成为不少蓝宝石屏的潜在供应商。

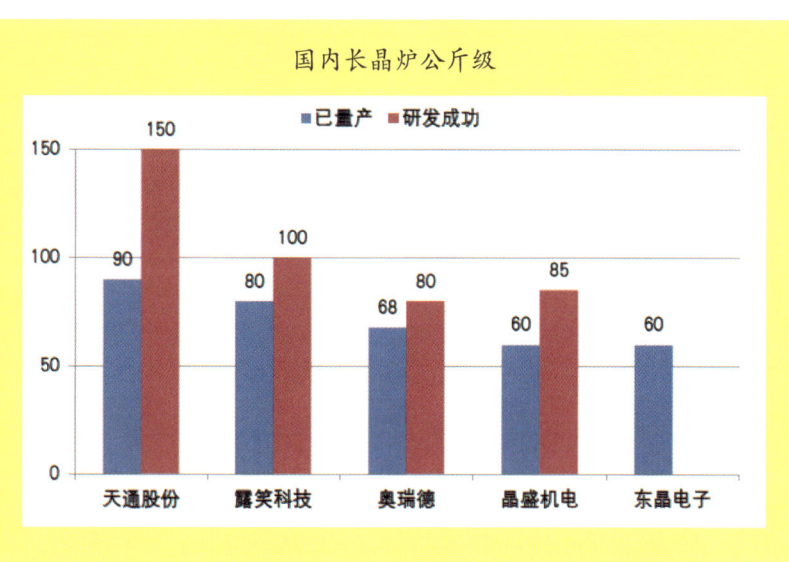

虽然现在还没有确定性的使用蓝宝石屏的智能手机大面

积量产的消息,但是笔者认为,这就像没有落地的靴子一样,始终让市场的产业资本有所期待。对于天通股份后期的走势,笔者建议投资者不妨密切关注下游智能终端的最新产品发布情况,一旦有新的蓝宝石屏幕终端面世,必将传导到上游企业,笔者认为2015年出现这种可能性的概率极大。

二、LED照明市场繁荣即将到来

目前国内蓝宝石玻璃的下游需求,在手机屏幕尚未大面积使用之前,还是集中在了LED照明和背光上。据统计,2013年LED照明占LED应用总产值的约60%,未来LED照明行业复合增速预计高达40%,带动整体LED应用增速达约30%。

1. 以"核心技术"杠杆LED市场

LED照明一直被认为是蓝宝石衬底的主战场,作为蓝宝石领域的领先企业,天通股份在面对这么大的市场时,具有足够的技术优势:由于蓝宝石与GaN外延层的晶格常数适配度会影响LED外延片的质量,而决定晶体晶格常数适配度的关键因素是长晶,这恰好也是天通立足市场的核心竞争力所在。天通股份的长晶优势,主要体现在三个方面:

(1)自主研发的长晶设备,能更好地对晶体质量进行把控。蓝宝石技术难度大、长晶炉能力是关键环节:1)长晶炉——公斤级不断提升,几年间从30kg提升到80kg级别,公斤级较低的很快面临成本高于售价的尴尬局面,而且要切割5寸手机盖板,至少要75kg以上级别的长晶炉,而目前国内存量的长晶炉大多数都是60kg及以下,公司的优势较大;

2）晶体质量——蓝宝石长晶炉类似光伏的单晶炉或铸锭炉，但技术难度大大高于单晶炉和铸锭炉，由于内部超高的温度，长晶需要人工拉晶，有经验的长晶工需要大量的培训和经验，否则就会产生气泡、多晶等缺陷，而且只能在一个晶锭长达十几天开炉后才能知道成功与否，因此单个晶锭出现明显缺陷都将会大幅影响良率和成本，从而直接影响到利润率；

（2）拥有核心的工艺，公司的蓝宝石长晶技术结合了泡生法和提拉法的优势，是目前泡生法领域全球唯一实现 c 向长晶量产的厂商，量产晶锭达到 90kg 级，在泡生法领域处于领先地位。GTAT 破产以及 GT 打算退出蓝宝石长晶对热交换法厂商几乎是毁灭性的的打击，国内 5 家采用热交换法技术路线的厂商自身并没有特别深厚的技术积累，都是通过采购 GTAT 长晶炉、获取 GTAT 技术指导来快速上产能，但 GTAT 的长晶炉至今很难达成预定的性能指标，大面积处于闲置状态，GTAT 破产后进一步确定热交换法路线可行度低，对 KY 法（泡生法）、VHGF 法（韩国 STC 的垂直水平温度梯度冷却法）有利。

（3）自主研发的设备和完善的核心工艺的结合。天通股份覆盖长晶炉、晶棒、晶片全产业链；自主研发的 100 台长晶炉已经全部量产，2015 年还会大规模扩产，下半年长晶炉数量可望达 500 台，产能规模将位居国内第一、全球前三。另外，LED 蓝宝石衬底的发展从前几年的 2 英寸到现在的 4 英寸为主，未来会朝更大的尺寸方向发展，而天通股份从一开始就是按照生产 4 英寸衬底，甚至更大的尺寸来配备的厂房和设备的，这无疑让公司占得了先发优势。

2. LED 市场回暖利好公司

2011 年 8 月，天通股份加大对 LED 等新能源行业的投入，实施年产 60 万片 4 英寸 LDE 蓝宝石衬底材料技改项目；2012 年 9 月，又将项目变更为"年产 115 万片 4 英寸 LED 蓝宝石衬底材料技改项目"。该项目主要生产 LED 产业链中关键的上游产品——蓝宝石衬底材料，蓝宝石衬底材料生产过程是整个 LED 产业链中技术含量非常高的环节，最具有投资价值，特别是大公斤级蓝宝石晶体的生产及大尺寸衬底的加工，涉及大量高科技设备和技术，世界上只有少数几个国家掌握蓝宝石生产技术，其中以美国、日本和俄罗斯的技术水平较高，并且占有全球大部分的市场，而目前我国蓝宝石晶体的生产和衬底的加工水平相对还比较薄弱，在 4 英寸蓝宝石衬底将逐渐成为市场的主流的背景下，天通股份曾在 2010 年 3 月，率先引进日本先进的直拉法长晶技术及切磨抛工艺，积极布局蓝宝石产业，目前已掌握完整的技术工艺和设备技术。

目前 LED 蓝宝石衬底价格已经见底，预计未来价格会进入一个回升通道，特别是 4 英寸以上的大尺寸的 LED 蓝宝石衬底材料，国内少数掌握大尺寸蓝宝石衬底材料生产技术的企业将有望迎来发展机遇。

2012 年二季度全球 LED 蓝宝石衬底价格已经见底，目前价格正进入一个回升通道，特别是天通股份生产的 4 英寸的 LED 蓝宝石衬底材料，每片单价是 2 英寸的 3-5 倍，未来随着蓝宝石衬底价格回升，4 英寸蓝宝石衬底投资项目的盈利能力还会进一步增强。

三、磁性材料主业复苏在即

软磁行业大约十年一个周期的影响,近年来受全球经济影响,软磁行业一直处于景气低谷,增长放缓,随着新能源、电动汽车、LED照明、智能终端等领域的兴起,软磁行业正在迎来新一轮上涨周期。公司在软磁领域已经有30年的耕耘,很容易打入多个细分领域。目前公司已经成为特斯拉电源管理系统磁材主力供应商,份额超过50%,未来还有望进入特斯拉充电桩供应链,届时公司磁材将出现放量增长。

磁性材料制造是天通股份的传统主业和主要利润来源,根据公司2014年半年报显示,磁性材料业务实现销售收入2.97亿元,同比增长17.63%,虽然毛利率下降了1.38个百分点,但受益于新市场新客户的开发,市场份额和销售业绩仍保持了此前稳中有升的态势。

1. 软磁复苏带来业绩转好

最近几年,天通股份被资本市场所知晓,很大程度上是受到蓝宝石题材的炒作,但蓝宝石业务尤其是蓝宝石手机屏幕,是公司最近几年才涉及的新领域,占公司的营收比例还不算大,公司多年稳定增长的主业其实是磁性材料制造,并且在磁性材料领域颇有地位。

公司是中国最大的软磁铁氧体产品出口基地,可生产14大材料系列、68种材料牌号、1100多种规格的软磁磁芯,产品性能达到国际先进水平,处于国内同行业领先地位,全球软磁行业排名第三。软磁是相对于硬磁而言的,硬磁自身带有磁性,软磁本身没有磁性,要通电才会产生磁性,软磁应用广泛,在电视、电脑等的电源开关,手机电路板上都可以找到软磁。

目前,全球整机制造转移中国,为软磁材料提供了巨大的市场需求。软磁是各种电子商品的主要配套产品,无论是消费类家电和工业类整机,如计算机、通信设备、汽车,以及国防工业均离不开软磁材料。

天通股份尽管是国内软磁行业的龙头企业,目前软磁材料年产超过4万吨,国际上能够达到这一规模的企业不多,公司的竞争对手主要是国际性公司,比如日本的TDK等。

未来几年,公司将继续做大做强磁性材料主业,实现软磁磁性材料全球规模第一、水平领先的战略目标,把公司建成有国际影响力的电子材料产业研发、生产基地;力争建成产业带动力和整合力强的电子制造服务以及新型电子元器件研发和制造基地。

2. NFC广泛应用扩大公司营收水平

近场通信(NearFieldCommunication,缩写为NFC)技术自出现以来,凭借自身传输带宽高、安全性高、能耗低等优势而广受关注。目前,基于该技术的手机一卡通已开始崭露头角,采用NFC手机实现开门、停车、移动支付等方式成为消费方式的新时尚。我们可以想象得到,整个NFC所带来的巨大市场空间。

NFC应用市场的日益加大,NFC天线的核心部件铁氧体受益最大。铁氧体磁片主要用来防止NFC通信信号被金属、电池等所吸收;增加天线的磁场强度,有效增加通信感应距离。

天通股份是国内首家NFC铁氧体磁片制造商,拥有30年的专业软磁铁氧体生产经验。公司在2011年就已经开始研发软磁铁氧体,并在2012年实现了批量生产,目前公司的NFC铁氧体磁片的产能已经突破千万级,全力满足日益增长的市场需求。在产品品质保障方面,天通独有的产品生产专利、完善的物料控制和品质体系,使其产品性能达到日韩同系列产品水平,完全满足NFC通信距离的要求。在NFC铁氧体磁片的研发生产过程中,天通不断加大科研投入,用独有的产品专利、满足NFC要求的产品,带来生产效率的提升,带来通信距离市场的提升。

另外,公司在微波铁氧体材料与器件领域加大投入,取得了阶段性成果,多款产品完成研发,有望借力4G成为下一个主力业务。今后,公司还将继续保持领先的技术优势,用产品品质的稳定性以及规模化的产能优势服务市场,用技术创新应对日益加速的产业升级需求

四、专用装备业绩稳步提升,进军高端装备拓展新亮点

天通股份的专用装备在总收入中占比不高,但因其高毛利,最近几年也成为公司重点发展的方向之一。从2013年至今,由于新能源及新兴产业市场需求的带动,使公司电子专用装备业务收入有了较大增加,未来公司在这一领域的营收水平将会不断提高。

公司全资子公司天通吉成在2014年曾与海宁市宏海投资有限公司、外方股东许仁(美国籍)、皮特森·卡尔(美国籍)

涨价等于涨停

在浙江海宁共同合资建办中外合资浙江集英工业智能机器技术有限公司,合资公司主要研发、生产、销售触摸屏产线专用设备,和 3D 快速成型设备及机器人驱动、控制系统,这一投资既扩展了公司的装备产业水平,同时为拓展公司新材料领域起到了较好的设备保障作用,通过合资公司平台,加强合资各方的经济合作与技术交流,扩展公司高端专用装备产业,从而实现良好的经济效益。

综上所述,天通股份在未来几年的最大看点,将会集中在新兴的蓝宝石领域和传统的磁性材料两大领域,传统的磁性材料作为公司的传统主业,在公司过去多年的业绩增长中撑起了半壁江山;但是未来公司的亮点,将会是蓝宝石领域。

目前这一技术正在走向大批量生产的路上,一旦技术和成本达到智能终端的要求,市场需求量将会持续放大,现有的蓝宝石企业满产都未必能满足强大的市场需求,天通股份作为行业最大的企业,业绩肯定会迎来大爆发。

根据实际调研情况,笔者认为这一突破将在 2015 年底或者 2016 年初得以实现,而资本市场上的炒作或将提前半年出现。因此笔者看好天通股份这样的行业龙头,充分受益蓝宝石产业大爆发,给予"买入"评级。